Julius Mühlfeld (d. i. Robert Roesler)

Pfarrer und Wilderer

Julius Mühlfeld

(d. i. Robert Roesler)

Pfarrer und Wilderer

Eine Weinheim-Novelle

ASCHEMEIER'S REGIONALE KLASSIKER

2013
R. Aschemeier Verlag
Weinheim a. d. Bergstraße

ISBN 978-3-945065-00-6

©2013 R. Aschemeier Verlag, Weinheim a. d. Bergstraße

Einbandabbildung: Flüchtender Wildschütz (Benkert), gemeinfrei

Bibliografische Information der Deutschen Nationalbibliothek

Die Deutsche Nationalbibliothek verzeichnet diese Publikation in der Deutschen Nationalbibliografie; detaillierte bibliografische Daten sind im Internet über http://dnb.dnb.de abrufbar.

Über den Romancier und Novellisten Robert Roesler und seine Weinheim-Novelle „Pfarrer und Wilderer"

Robert Roesler (* Köthen 6.1.1840, ✠ Königsberg 18.5.1881) begann seine Karriere als Buchhandelslehrling und brachte es im Laufe der Jahre bis zum Posten des Chefredakteurs namhafter Tageszeitungen in Bielefeld, Sondershausen und Königsberg in Ostpreußen. Dieser vorbildliche Karriereverlauf fand unter Roeslers bürgerlichem Namen statt – doch Roesler hatte auch noch eine andere Seite.

Unter dem Pseudonym „Julius Mühlfeld" schrieb er in ungebremster Produktivität etliche Romane, Erzählungen und Novellen, die so zahlreich sind und bei so vielen verschiedenen Verlagen erschienen, dass es trotz ausgereifter moderner Recherchemöglichkeiten bis heute schwerfällt, den gesamten Umfang seines literarischen Werks auch nur vage abzuschätzen. Als „Julius Mühlfeld" widmete sich Roesler mit fleißiger Feder am liebsten Themen aus dem prallen Leben. Dabei nahm er sowohl das kleinbürgerliche Milieu genau unter die Lupe als auch das nähere Umfeld des Hochadels. Sein heute noch bekanntestes Buch dürfte der Sammelband „Am Schalter" sein, in dem Roesler „Erzählungen aus dem Postleben" erfolgreich verbreitete.

Die meisten Bücher Robert Roeslers zählen entweder zur klassischen Spannungsliteratur oder zum seichten Kitsch. Das soll jedoch ihre literarische Qualität keineswegs schmälern. Im Gegenteil: In der Weinheim-Erzählung „Pfarrer und Wilderer" zeigt Roesler alle Facetten seines schriftstellerischen Könnens.

Offensichtlich geschult durch den reportagehaften Stil des emsigen Zeitungsredakteurs entrollt Roesler in dieser erstmals 1872 im Berliner Verlag von Gustav Behrend veröffentlichten Novelle eine gleichermaßen rasant wie vielschichtig erzählte Moritat im Spannungsfeld zwischen dem jungen Dorfpfarrer Xaver Haever und dessen Bruder, dem gemeinen Wilderer Peter – einem veritablen Dorfteufel.

Wie spannend Roesler hier einerseits das Familiendrama der ungleichen Brüder Xaver und Peter schildert, andererseits eine Geschichte erzählt, die an ihren Kapitelabschlüssen immer wieder durch raffiniert eingestreute „Cliffhanger" zum beständigen Weiterlesen verführt, ist aller Ehren wert und erinnert nicht selten an die heutige, moderne Krimi- und Thrillerpraxis.

Auch, wenn Roeslers Bücher zu seinen Lebzeiten zur seichten Unterhaltungsliteratur gezählt wurden, darf man aus heutiger Perspektive sagen: Es war beileibe nicht die Schlechteste!

Am stärksten ist Roeslers Novelle „Pfarrer und Wilderer" sicherlich in der Schilderung des inneren Konflikts des jungen Pfarrers Xaver, in der Darstellung von dessen Selbstzweifel und in der thematischen Auseinandersetzung mit einer – schon damals – als scheinheilig empfundenen Kirchenmoral.

Roesler lässt in letzter Konsequenz zwar keinen Zweifel an seinen gesellschafts-integren Moralvorstellungen. Aber er zwingt seine Leser auch an die Grenzen des seinerzeit als statthaft Empfundenen. Das brachte das Publikum des 19. Jahrhunderts in eine zwiespältige Situation: Einerseits war man gepackt durch den „Thrill", etwas zu lesen, wovon man sich nicht ganz sicher sein konnte, ob es sich auch „schickte". Andererseits konnte man hier etwas lesen, was zweifelsohne gesellschaftlich relevanten Gesprächsstoff bot und zum Nachdenken über bestimmte soziale Verhältnisse anregte.

In „Pfarrer und Wilderer" war und ist bis heute für fast jeden Lesertyp etwas dabei: Man kann das Buch als Kriminalnovelle ebenso verstehen wie als Heimat- und Regionalliteratur. Dem Werk fehlt weder die traute Gemütlichkeit der „Butzenscheibenliteratur" der 1870er-Jahre noch der bis auf die Spitze der damals sich bietenden Möglichkeiten getriebene Grenzgang in Fragen von Moral und Sitte.

„Pfarrer und Wilderer" ist kein literarischer Klassiker. Roesler wäre auch der letzte gewesen, der eine solche Wertung eingefordert hätte. Doch für jeden, der „Pfarrer und Wilderer" liest, dürfte eines deutlich werden: Robert Roesler vermochte es, sehr lebensnah und spannungsreich zu erzählen. Seine Weinheim-Novelle unterhält äußerst angenehm und auf hohem Niveau – und das noch heute, mehr als 140 Jahre nach ihrer Erstveröffentlichung.

Robert Roeslers Weinheim – eine Spurensuche

Es gibt gleich ein paar „Weinheims" zwischen Bergstraße und Rheingau. Außerdem steht die Frage im Raum: Gab es Robert Roeslers Weinheim überhaupt in der Realität? Oder war „Weinheim" für den Schriftsteller vielleicht nur ein vollkommen fiktiver Ort?

Zumindest für diese letzte Frage gibt es eine eindeutige Antwort: Roesler gibt uns in mehreren Kapiteln so detaillierte topografische und historische Hinweise, dass er einen realen Schauplatz im Sinn gehabt haben muss.

Vor allem Kapitel sieben bringt uns weiter, wenn wir uns über die Lage von Roeslers Weinheim ein Bild machen wollen. Von einer alten Heerstraße ist da die Rede, die sich durch einen Wald hinter den „Weinheimer Bergen" zieht, womit ohne Zweifel die in der Geschichte vielfach angesprochenen Weinbauflächen gemeint sind. In Roeslers Novelle steht am Rande dieser Heerstraße auch die in jeder Hinsicht verkommene „Waldschenke", in der sich sämtliche verrufenen Charaktere der Novellen-Handlung konspirativ treffen und ihre jeweiligen Missetaten aushecken. Diese „Waldschenke" sei – laut Roeslers Text – deshalb so heruntergekommen, weil die wenige Jahre vorher gebaute Eisenbahn die Reisenden von der Heerstraße fast vollständig abgezogen habe. Des Weiteren berichtet uns das Kapitel von einer Nähe Weinheims zu „Badeörtern" – demnach also die Nähe zu mehr als einem Kurort – sowie von einer „fürstlichen Residenz" unweit des Dorfes.

Wenn auch manches hiervon auf andere Orte mit dem Namen Weinheim zutreffen mag, so deutet doch das allermeiste darauf hin, dass wir es in Roeslers Novelle mit der Ortschaft Frei-Weinheim bei Ingelheim zu tun haben.

Nicht nur verlief einst zwischen Ingelheim und Frei-Weinheim die in diesem Teilbereich noch heute als „Aachen-Frankfurter Heerstraße" titulierte „Via Regia", sondern wir finden in Frei-Weinheim noch andere Teilaspekte von Robert Roeslers Novelle erfüllt: den einst die Siedlung umgebenden Weinbau, in Ingelheim die Nähe zur bei Roesler so genannten „fürstlichen Residenz", die Nähe zu zwei Kurorten (Bad Kreuznach und Bad Münster am Stein-Ebernburg) sowie die unmittelbare Nähe zum Rhein, der in „Pfarrer und Wilderer" eine wichtige Rolle spielt. Er ist für das in der Novelle beschriebene Dorf eine Art „Tor zur Welt", und die Einwohner von Roeslers Weinheim liegen nachts in ihren Betten und hören im Schlummer die Geräusche des vorüberziehenden Stroms.

Spätestens an dieser Stelle von Roeslers Geschichte liegt die Vermutung nahe, dass es sich nur um den Ort Frei-Weinheim handeln kann, denn weder die Einwohner Gau-Weinheims in der Verbandsgemeinde Wörrstadt noch Weinheims bei Alzey und schon gar nicht Weinheims an der Bergstraße können sich rühmen, direkten, fußläufigen Zugang zum Rhein zu haben, beziehungsweise des Nachts die Geräusche dieses legendenumrankten Flusses zu hören.

In den 1860er-Jahren ist Ingelheim übrigens an die Eisenbahn angeschlossen worden, sodass auch dieses historische Indiz durchaus zum Inhalt der Novelle „passt" – wir erinnern uns an die Gründe für die geschäftlichen Schwierigkeiten der verrufenen „Waldschenke".

Berücksichtigen wir ferner, dass Roesler im Jahr 1869, drei Jahre vor der Veröffentlichung von „Pfarrer und Wilderer" über mehrere Sommermonate im nahen Frankfurt am Main weilte, was in Form diverser Rheingeschichten in seinem literarischen Werk Niederschlag gefunden hat, scheint die Sache klar zu sein: Frei-Weinheim ist der Schauplatz von Robert Roeslers Novelle.

Diese Feststellung bleibt allerdings das Ergebnis eines „Indizienprozesses". Und damit verbleibt auch eine Restunsicherheit im Hinblick auf den Schauplatz der Erzählung. Doch das trägt seinerseits zum Reiz dieses vergessenen Schatzes der Unterhaltungsliteratur bei: Jeder Leser ist hiermit aufgerufen, seine „detektivische Ader" zu entfalten und selbst nach historischen Indizien in Roeslers spannender Geschichte Ausschau zu halten.

Letzten Endes wartet „Pfarrer und Wilderer" auch mit einigen Elementen auf, die man offensichtlich als fiktiv einstufen muss. An vorderster Stelle wäre da der in der Geschichte erwähnte Dorfbrand zu erwähnen, bei dem das katholische Gotteshaus des Dorfes so stark in Mitleidenschaft gezogen wird, dass das Kirchendach einbricht.

In keinem Weinheim zwischen Bergstraße und Rheingau scheint es aber irgendwelche historisch nachweisbaren Kirchenbrände in der Zeit um 1870 gegeben zu haben, und die Novelle lässt keinen Zweifel daran, dass sie in der Gegenwart des 19. Jahrhunderts stattfindet – schließlich kommt nicht nur die Eisenbahn vor, sondern auch der Rheindampfer.

Auch das durch Roeslers geübte Feder so lebendig erscheinende Personal der Novelle ist leider wohl reine Fiktion. Zu gerne hätte man geglaubt, der ungestüme „wilde Peter", der alte Walter, die fürsorgliche Mutter Elsbeth, die schöne Regina, der tragische Johannes, die listige „Waldeule", der zwielichtige „Brummer" und der mit seinem Glauben ringende junge Pfarrer Xaver hätten tatsächlich gelebt. Doch grämen wir uns nicht: Sie alle sind doch quicklebendig in unseren Köpfen – dann, wenn wir „Pfarrer und Wilderer" lesen, dieses wiederentdeckte, unwiderstehliche Kleinod rheinischer Regionalliteratur.

Der Verlag

Julius Mühlfeld
(d. i. Robert Roesler)

Pfarrer und Wilderer

(Rechtschreibung und Zeichensetzung folgen der
Erstausgabe 1872
im Verlag von Gustav Behrend, Berlin.
Offensichtliche Druckfehler der Originalausgabe
wurden getilgt.)

I

Das Dorf Weinheim hatte einen Feiertag, der nicht in dem Kalender stand, und den dennoch Alt und Jung festlich begehen wollte. Die Veranlassung war eine für die guten Dorfbewohner besonders wichtige. Vor einem halben Jahre etwa hatte nämlich der Ort seinen greisen Seelsorger verloren, der das ganze gegenwärtige Geschlecht hatte heranwachsen sehen und durch evangelische Nächstenliebe und unermüdliche Pflichttreue sich die Verehrung und Liebe seiner Pfarrkinder zu erwerben und zu erhalten gewußt. Es war viel Trauer im Dorfe gewesen, als des allgemein verehrten Greises letzte Stunde gekommen. Die Dorfältesten umstanden damals im stummen Schmerz sein Sterbelager; er tröstete sie mit gläubigem Wort und wies darauf hin, daß er an seine Gemeinde bis über das Grab hinaus gedacht und vom Bischof zum Amtsnachfolger den jungen Xaver Haever, den eigenen Schüler, einen reinen Diener der Kirche, erbeten habe.

Der alte Pastor war gestorben, und der Bischof stand nicht an, dem Wunsch des Dahingeschiedenen Gewährung zu leisten. Haever war einer jener jüngeren, katholischen Geistlichen, die in kindlichem Glauben erzogen und erhalten wurden und mit ganzer Hingebung ihrem Seelsorgeramte dienen. Er befand sich im Augenblicke der Erledigung des Weinheimer Pfarramtes gerade auf einer Mission für die Kirche und vermochte erst sechs Monate später dem Rufe nach Weinheim zu folgen.

Das Dorf liegt in einer der schönsten Gauen des westlichen Deutschlands, in einem anmuthigen Thale, durch das der Rhein seine grünen Fluthen wälzt, während sich ringsum die Höhen aneinanderreihen, deren meist natürliche Terrassen mit Weingeländen besetzt sind, so weit das Auge reicht. Die nächsten Berge gehören den Weinbauern des Oertchens, die sich einer hübschen Wohlhabenheit erfreuen. Der Weinbau gedeiht nur unter den Schweißtropfen des Winzers, aber entschädigt dafür mit doppeltem Lohne. Nahrungssorgen kennt der Winzer nicht, und dieser Vorzug drückt seinem Wesen den Charakter beständiger Heiterkeit auf. Ein Winzerdorf mit seinen schmucken, rebenumrankten Häusern und den freundlichen, hinter den blanken Fensterscheiben grüßenden Gesichtern, hat etwas ungemein Anheimelndes. Und tritt der fremde Wanderer über die Schwelle eines dieser Häuser, so reicht ihm biedere Gastfreundschaft die Hand, und er darf nicht von hinnen, ohne einen Schoppen Selbstgekelterten geschlürft zu haben. Die hohen Steinkrüge, in denen der Labetrunk aus dem Keller gebracht wird, lassen kaum vermuthen, welch edles Naß das irdene Gefäß birgt.

Weinheim stand am Vorabend der Einholung des neuen Seelsorgers. Xaver war ein Kind des Dorfes. Als schlankes Bürschchen hatte er vor einer Reihe von Jahren den Heimathsort verlassen, um vom Collegium aufgenommen zu werden, und nur ein einziges Mal seit der Zeit seines Wegganges hatte er das Dorf besucht, um seinen alten Lehrer, seine Mutter und Geschwister zu sehen; aber damals schon hatte sein schwärmerisches Gemüth das ascetische Feuer durchdrungen, nur eine Heimath, die Kirche, haben zu dürfen, nur einem Zweck zu leben, dem der Selbstheiligung zum Nutzen der Kirche, und allen irdischen Regungen, selbst den reinsten, entsagen zu müssen; und damals schon hatte er nicht mehr in dem Häuschen seiner Mutter gewohnt, wo vergeblich das schönste Bett, sorgsam aufgeschüttelt, seiner harrte, sondern er hatte Aufnahme im Pfarrhause bei seinem greisen Lehrer erbeten und gefunden.

Von dem Pfarrhause aus hatte er Besuche bei den Seinen gemacht, wie er es überall im Dorfe gethan. Die Mutter gewahrte, – und ein banges Gefühl überschlich ihr Herz – daß dem Sohne die kindliche Theilnahme an den kleinen Leiden und Freuden der Familie abhanden gekommen sei; aber die zagende Mutterseele richtete sich wieder getröstet und stolz empor, als sie den strengen und sinnigen Ernst des Jünglings sah, der sich berufen glaubte, die Unabhängigkeit von allem Irdischen erstreben zu müssen, um das Wort des Herrn auf Erden zu verkündigen und zu Christi Nachfolge zu erwecken. Bei der damaligen Abreise mit dem vorüberfahrenden Dampfboote hatten sich viele der Dorfbewohner, unter ihnen der geistliche Herr, um den Scheidenden gesammelt. Der Pastor segnete ihn, wie ein Sterbender segnet. Die Mutter stieg mit in den klei-

nen Kahn, der den Sohn an das Dampfschiff zu führen hatte. Noch
einmal drückte der Sohn der Mutter die Hand, noch einmal rief
er auf ihr graues Haupt den Segen des Himmels herab, dann stieg
er an der schwankenden Treppe auf das Deck des Schiffes, dessen
Schaufeln ungeduldig plätscherten und gleich darauf den stolzen
Bau stromabwärts trieben.

Obgleich, wie bereits erwähnt, Xaver seit jenen Tagen das Heimathsdorf nicht wieder betreten hatte, so war er doch den Weinheimern im freundlichen Angedenken geblieben. Der ganze Ort sah
daher der Ankunft des neuen Seelsorgers mit Freude entgegen. Am
heftigsten schlug natürlich das Herz der alten Elsbeth, der Mutter
Xaver's, dem geliebten Sohne entgegen.

Der nächste Morgen, der des Einholungstages, graute kaum, als
Frau Elsbeth schon das Nachtlager verlassen hatte und mit sorgsa-
men Blicken ihr kleines Häuschen musterte, in welchem schon am
verwichenen Tage gefegt, geschäuert und Alles festlich hergerichtet
worden war. Das prüfende Auge entdeckte Nichts, was noch einer
ordnenden Hand bedurft hätte; denn Liesel, die Tochter, die dem
hochehrwürdigen Bruder mit der ganzen Liebe einer Schwester
zugethan war, hatte ihre ganze Sorgsamkeit darauf verwendet, das
Häuschen für den Empfang des sehnlich erwarteten Gastes auf's
Beste auszuschmücken.

Die alte Frau begab sich nach der abgehaltenen, zufriedenstellenden
Musterung vor das Haus, dem ein Gärtchen zur Seite lag. Elsbeth
suchte die Weinlaube auf, die einen freien Blick über die sich vor-
beiziehende Straße gewährte. Die soeben im Osten emportauchen-
de Sonne umsäumte die bläulichen Höhen mit goldener Einfassung,
während aus dem Thal geheimnißvoll leichte Nebel dampften. Ueber dem Dorfe ruhte noch die Stille des Schlafes, nur hie und dort
begrüßte ein Hahnenschrei den neuen Tag. Frau Elsbeth heftete
sinnend ihre Blicke auf die Dorfstraße. Dort rechts, kaum hundert
Schritte weit ab, stand die Kirche, ein freundlicher Bau mit schlan-
kem, spitzen Thurm, dessen vergoldetes Kreuz in der Morgensonne
funkelte. Dicht daneben lag das Pfarrhaus, ein einförmiges, fast
düsteres Gebäude, dessen Mauern das Alter geschwärzt hatte. In
seinem Aeußern mahnte es an ein Kloster, an jene Stätte, die keinen Raum haben darf für das Glück eines Familienkreises. Und

15

dennoch war es keine Wehmuth, die in Elsbeth's Seele trat, als ihr Auge lange auf dem dunklen Gebäude hing, welches ihr Sohn fortan bewohnen sollte, und nach welchem Diejenigen trostsuchend wandern, die da mühselig und beladen sind. Es schwoll vielmehr ihr Herz in Stolz um den Sohn, er war ja ihr Sohn; und wenn die reichen Bauern, die den armen Knaben kaum gekannt hatten, sich jetzt ehrerbietig vor ihm neigen würden, so neigten sie sich freilich vor dem Diener der Kirche, der aber doch immer Elsbeth's Sohn blieb. Wer möchte der guten Frau die Eitelkeit verdenken, eine Eitelkeit, die sich ja nur im Glücke des Sohnes gefiel!

Dem Pfarrhause gegenüber wohnte der reichste Weinbauer des Dorfes. Ihm, dem alten Walter, gehörten die besten Berge zu eigen, und seine Keller strotzten von dickleibigen Fässern mit den edelsten Jahrgängen. Auch dies Haus stand mit dem Leben Elsbeth's in wechselvoller Beziehung. Walter besaß zwei erwachsene Kinder, den wackern Franz, einen hübschen Burschen, und die schöne Regina, ein Mädchen voll tiefen Gemüths.

Frau Elsbeth Haever hatte außer dem Xaver und Liesel noch ein drittes Kind, einen Sohn, mit Namen Peter. Die Tochter war ein heiteres, wohlgesittetes, liebevolles und überall wohlgelittenes Mädchen. Dem Peter ließen sich gleiche Charaktereigenschaften nicht nachrühmen. Einen verwilderteren und gewaltsameren Burschen kannte man in der ganzen Umgegend nicht. Selten sah man sich sein finsteres Gesicht zu einem Lächeln verziehen, und wenn es geschah, so kündigte es nicht Freude, sondern Hohn an. Sein struppiges, schwarzes Haar starrte in dichten Massen um die breite Stirn und den Stiernacken. In den dunklen Augen loderte eine verzehrende Glut. Dem Tranke nicht abgeneigt, zum Jähzorn leicht gereizt, war der Unglückliche ein Gegenstand des Abscheus und der Furcht von Jedermann, und man floh seine Nähe.

Das nachbarliche Zusammenleben hatte Elsbeth's Kinder schon seit den frühesten Jahren mit den Sprößlingen Walter's zusammengeführt, zumal dieser auf die fleißige Wittwe, die ihre Wirthschaft gut im Stande hatte und ihren kleinen Weinberg mit Sorgfalt bebaute, große Stücke hielt. Daß aber während der reiferen Jahre sein Franz sich in Elsbeth's Liesel vergaffen könnte, daran hatte der reiche Bauer nicht gedacht, und er war wenig erbaut, als er die gegenseitige Zuneigung der jungen Leute erfuhr. Mit Barschheit verbot er dem Sohne die „dumme Liebelei" und fügte die heftigsten Drohungen hinzu. Franz hingegen erklärte mit einer Bestimmtheit, die den Alten ganz außer sich brachte: an der Liebe zwischen dem Liesel und ihm sei absolut nichts mehr zu ändern; der Vater möge seine Drohungen immerhin in's Werk setzen, der Sohn werde Alles zu ertragen versuchen, um endlich dennoch durch den Besitz seines geliebten Mädchens für all das widerfahrene Leid entschädigt zu werden.

Diese Eröffnungen zwischen Vater und Sohn mußten nothwendig ein Mißverhältniß zwischen Beiden herbeiführen. In diese Zerwürfnisse fiel das Ableben des alten Pfarrers und die Berufung Xaver's in die vacant gewordene Stelle. Mit einem Schlage war Liesel die Schwester des Herrn Ortspfarrers, und dieser wesentliche Punkt in gesellschaftlicher Beziehung konnte in den Augen Walter's den Unterschied zwischen dem Vermögen des reichen Weinbauern und der wenig begüterten Nachbarwittwe ausgleichen. Walter verlobte daher die jungen Leute nach ihrem Willen. Frau Elsbeth fühlte sich glücklich bei diesem Ereigniß.

Die Freude sollte jedoch bald getrübt werden. Die Schönheit Regina's hatte auf den wilden Peter einen tiefen Eindruck gemacht, und er bestürmte sie mit Liebesbetheurungen. Das arme Mädchen floh ängstlich vor dem wüsten Gesellen, und Walter verlobte, um dem Peter alle Hoffnung zu benehmen, die Tochter nach ihrer Neigung mit Johannes, einem jungen Weinbauern und Freunde seines Sohnes.

Peter sah unter Verwünschungen, und vor Haß und Eifersucht kochend, auf das neue Brautpaar. Er artete nun völlig aus. Er ergab sich ganz dem Tranke, und seine, durch den Jähzorn so leicht in Flammen gesetzte Raufsucht brachte ihn mehrfach in Conflict mit den Behörden.

Die alte Mutter hatte nun zu oft die begründetste Ursache, Thränen des tiefsten Kummers zu weinen. Wie oft sendete sie ein inbrünstiges Gebet zum Himmel empor, daß eine höhere Hand den Sohn vor Verbrechen bewahren möge; denn leider ahnte die unglückliche Frau, daß Peter sich auf immer weitere Abwege verirrt habe, sich mit verdächtigen Gesellen herumtreibe und nicht allein seine Zeit am Zech- und Spieltische vergeude, sondern auch – wildere. Wilddieberei wird übrigens von den Landleuten, die nicht selten durch Wildschaden erhebliche Verluste an ihren Saaten erleiden, nicht als ein Verbrechen, sondern bloß als eine gefährliche Liebhaberei angesehen, zu deren Betreiben Verwegenheit, Kraft und Schlauheit gehören.

Peter, der sich oft wochenlang nicht zu Hause sehen ließ, war auch jetzt seit einigen Tagen nicht daheim gewesen. Selbst in dieser Nacht vor der Festfeier im Dorfe hatte er das elterliche Dach gemieden. Es fiel dies der Mutter Elsbeth schwer auf's Herz. Ihr mahnendes Wort, ihre Bitten übten schon längst keine Gewalt mehr über den verwahrlosten Menschen aus, der jede Freundlichkeit schroff von sich abwies und überall zu äußern pflegte: „Bin ich der Sippschaft zu schlecht, so mögen sie sich rühmen können, den schlechtesten Kerl zum Bruder und Schwager zu besitzen."

Dies Alles überdachte Elsbeth jetzt und sie seufzte tief auf. Das Gemüth Peter's war also bereits so verhärtet, daß er an dem Ehrentage der Familie ausblieb. Dem Bruder sollte der Willkommen des Bruders fehlen. Wie schnürte dieser Gedanke die Brust der armen Mutter zusammen! –

Die Sonne stieg höher, und das Dorf erwachte. Einer der Ersten, die sich auf der Straße sehen ließen, war Nachbar Walter, ein krauser Weißkopf mit der Ledermütze. Er schmauchte tapfer aus seiner kurzen Pfeife und schaute sich zufriedenen Blickes nach dem Wetter um. Als er bei dieser ersten, den Landleuten eigenthümlichen Beschäftigung die Nachbarin in der Weinlaube bemerkte, kam er, freundlich grüßend, heran. „Nun," rief er komisch schmollend, „auch schon munter, Frau Gevatterin? und ich wollte doch der Erste sein, der die Federn vom Leibe schüttelte."

„Heut durfte ich es wohl 'mal der Sommersonne zuvorthun," erwiderte Elsbeth mit glücklichem Lächeln. „Die Unruhe hatte sich mir in's Bett geschlichen, und ich habe kaum ein Auge zugethan."

„Will's glauben, Frau Nachbarin," versetzte Walter gutmüthig. „Heut soll Euch die Frucht der Aussaat eines ganzen Lebens in den Schooß fallen. Gott schenkte sein Gedeihen dazu. – Alles wird schon lebendig im Dorfe und rüstet weiter zum Feste. Ich muß fort und mich kümmern, daß Alles in Ordnung geschieht. Mein Franz wird Euren Xaver – den Herrn Pfarrer, wollt ich sagen – herauffahren vom Strome. Bis nachher, Frau Nachbarin!" –

Schon im Gehen, wandte er sich nochmals um und fragte mit gedämpfter Stimme: „Ist der Peter daheim?"

Ein schmerzhaftes Kopfschütteln antwortete, und die Lippen der alten Frau flüsterten kaum hörbar: „Daß Gott sich erbarmen möge!"

Walter kraulte sich, indem sein Gesicht die bedenklichste Miene annahm, in den weißen Locken; aber er sagte nichts weiter, sondern marschirte seinem Gehöfte zu. Ein weißes Rauchwölkchen aus der Pfeife zog wie ein Kometenschweif hinter ihm her. –

Mittag war endlich vorbei. Die Rührigkeit, die seit dem Morgen im Dorfe geherrscht hatte, war völlig verschwunden. Alle Bewohner waren zu Fuß oder zu Pferde an den Strom geeilt, um den neuen Pfarrer einzuholen. Nur ein paar alte Männer und Frauen, die ihren Kräften mißtrauten, hatten nicht gewagt, mit der freudig erregten Menge an den Rhein zu eilen. Zu den Zurückgebliebenen gehörte auch Frau Elsbeth. Für sie wäre der Weg nicht zu weit, das Gedränge nicht zu groß gewesen; sie hätte Hunderte von Meilen zu marschiren vermocht, so es gegolten, den Sohn zu sehen; aber – es schickte sich nicht für die Mutter des Herrn Pfarrers, sich zwischen den übrigen Dorfbewohnern zum Empfang am Ufer aufzustellen. Die gute Alte saß wieder in der Rebenlaube. Das Brevier lag auf ihrem Schooß; sie vermeinte, die Einholung durch nichts Besserers, als durch ein Gebet weihen zu können; aber die Buchstaben tanzten vor ihren Augen, Alles flimmerte ineinander, und der Blick flog mit freudigem Verlangen das Thal hinüber, dorthin, wo der Rheinstrom die schlanken Dampfboote vorüberträgt.

Lange starrte sie auf jene Stelle, und der ganze Reichthum des glücklichen Mutterherzens malte sich ab in dem strahlenden Auge. Welche Empfindungen, welche Zukunftsträume wallten vorüber an der Seele der Harrenden! Und plötzlich durchzitterte ein weit dahinschallendes Büchsenknallen die Luft, das vielfach an den Bergen zurückhallte. Das war das Zeichen, daß der neue Pfarrer gelandet sei, und daß die Einzugsfeier beginne.

Der einsamen Mutter rollten Thränen über die Wangen; sie faltete die emporgehobenen Hände, und zwischen Gebet und irdischem Verlangen erwartete sie den stolzesten Augenblick ihres Mutterglückes. Kaum hatte sich das Echo der Salutschüsse in den Höhen verloren, da tönte vom Thurme der Kirche festliches Glockengeläute. Die Kirchthüren wurden geöffnet, und man vermochte in das mit Blumen und Laubguirlanden geschmückte Innere zu schauen, auf dessen Hochaltar die Kerzen brannten.

Der Weg vom Strome herauf war kein allzuweiter. Bald ward der Zug sichtbar, das Geräusch der jubelnden Menge vernehmbar, und endlich langte man in der Dorfstraße an.

Der junge Mann in dem Wagen war Xaver. In seinem bleichen Gesicht lag ein ruhiger Ernst. Die hageren Wangen, die mattglühenden Augen erzählten Nichts von irdischen Freuden, aber viel von Entbehrungen und anhaltendem Studium. Das enganschließende, schwarze Gewand, der niedrige Hut über dem glattgescheitelten, dunklen Haar kennzeichneten ihn als katholischen Geistlichen. Mit ihm im Wagen saßen die beiden Amtscollegen, welche während der Vacanz die Weinheimer Gemeinde mit versorgt hatten. Der Wagen war mit einer berittenen Ehrenwache umgeben. Auf dem Bocke des bekränzten Wagens saß Franz, der die wohlgenährten, aalglatten Rosse lenkte, deren Mähnen mit bunten Bändern durchflochten waren.

Xaver hatte die herzliche Ansprache des alten Walter, als das Kirchspiel betreten wurde, ebenso herzlich erwidert und für den ehrenden Empfang gedankt. Jetzt saß er hoch aufrecht im Wagen und grüßte freundlich nach allen Seiten hin.

Der Zug bewegte sich direct auf die Kirche zu. Ehe diese aber erreicht war, führte der Weg an Xaver's elterlichem Haus vorüber. Dort lugte das kleine Häuschen idyllisch zwischen den Weinreben hervor.

Eine tiefe Rührung überzog des jungen Geistlichen Züge. Wie gern wäre er vom Wagen gesprungen und schnell und stürmisch, wie zur Zeit der Knabenjahre, in das Haus, in die Stube, hinter jene hellen Glasscheiben geeilt, hinter denen sein Mutterchen wohnte! Er durfte es nicht; ihn hielt die kalte Pflicht seines Berufes zurück. Aber sein Blick flog forschend hinüber; wo mochte die Mutter weilen? Die Schwester hatte er am Landungsplatze mit Regina gesehen und sie begrüßt; aber die Mutter? Wo blieb die Mutter! – Da regte es sich in der Rebenlaube. Das alte, treue Muttergesicht, umrahmt von dem sauberen, weißen Häubchen, wurde sichtbar. Voll seligen Mutterglückes streckte sie dem geliebten Sohne die Arme entgegen. Ein Lächeln stiller, unaussprechlicher Wonne überflog das Antlitz des jungen Geistlichen; rasch erhob er die Hand und grüßte wieder und immer wieder die alte Frau, deren Bild die kirchliche, strenge Zucht, die schwärmerische Ascetik, die Jahre des Entferntseins in des Sohnes Herzen nicht zu verblassen vermocht.

Erst als Xaver die Schwelle des Gotteshauses überschritt, war er Herr seiner Gemüthsbewegung geworden. Der Ton der plötzlich erbrausenden Orgel rief ihn in die nächsten Pflichten seines Amtes zurück.

Unter dem Beistande seiner beiden Collegen celebrirte Xaver die erste heilige Messe in der Dorfkirche und vor der Gemeinde, der er entstammte, und die er jetzt seine Gemeinde nennen durfte.

II

Der Einholungsfeier hatte noch Jemand, wenngleich nur mehr beobachtend, aus Weinheim beigewohnt, den Niemand gesehen, aber auch Niemand vermißt hatte: es war der wilde Peter.

Er hatte in der Nacht noch auf dem Anstande gelauert und einen Hirsch erlegt, den ein Hotelbesitzer des Grenzlandes bestellt hatte. Peter überließ die Besorgung des Wildes und die Eincassirung des Geldes dafür seinen beiden Gewerbsgenossen und eilte nach Weinheim. Wohl brummten die finsteren Gesellen mißmuthig hinter Peter her; aber er, seiner Herrschaft über die beiden anderen Wildfrevler wohl bewußt, beachtete das Grollen nicht.

Im Heimathsdorfe angelangt, verbrachte er den Rest der Nacht in einer Winzerhütte und besorgte auch daselbst beim Erwachen des Tages seine Toilette nach Kräften.

Peter war nicht gleichgiltig für die Feier des Tages geblieben. Xaver war sein Bruder, der für ihn, den Aelteren, stets innige Liebe gezeigt hatte und ihm nie und nimmer das Leid angethan haben würde, mit dem ihm, wie der Unglückliche vermeinte, die Anderen überhäuften. Deshalb wollte er an dem Ehrentage Xaver's zugegen sein, aber ungesehen von den Anderen. Er hoffte selbst, eine Gelegenheit zu ergattern, um, von Niemand bemerkt, mit dem Bruder sprechen zu können. Was aus dieser Unterredung werden sollte, darüber ward er sich selbst nicht klar; jedenfalls konnte der Priester das wüste Leben des Wilderers nicht billigen. Was wußte aber Xaver von dem Treiben seines Bruders? Wer wollte den Denuncianten oder Ankläger spielen? Hatte irgend Jemand mehr als bloße Vermuthungen darüber? Und wer hätte es wagen mögen, dem neuen Pfarrer die Vermuthungen, die ja überdies keine Beweise waren, zu enthüllen?

Ein Jeder zitterte vor der Rache des Wilderers. Die Mutter hätte allerdings den Grund ihres heimlichen Kummers verrathen können; aber sie hatte es wohl nicht allzu eilig, Unkraut zwischen den Brüdern zu säen.

Mit dergleichen Gedanken beschäftigt, schlich Peter gegen die Zeit, wo die Ankunft des neuen Pfarrers erwartet wurde, zwischen den Rebengeländen der Weinberge auf einen Punkt, von wo aus er, wohlversteckt, bis an den Rheinstrom ausschauen konnte. Hier legte er sich in den Schatten der Rebengelände nieder, an denen die Trauben bereits in köstlicher Fülle der Reife entgegenschwellten. Dort ruhte der wilde Mann inmitten des Segens Gottes, und es waren milde und versöhnliche Gedanken, die sich aus seiner Brust lösten. Die Erinnerungen der Jugend, die der Augenblick in ihm wach rief, übten einen besänftigenden Einfluß aus und hielten die bösen Geister verbannt, die ihn so leicht in Jähzorn versetzten.

Mit der bangen Ungeduld der Sehnsucht starrte Peter in die glitzernde, sich schlängelnde Stromfläche, auf der Boot und Schiff unaufhörlich vorübereilte. Endlich ertönte das Haltesignal einer Glocke von einem herbeischaufelnden Dampfer herab. Der Bruder kam. Die am Ufer versammelte Dorfgemeinde drängte sich an die Landungsstelle. Peter's Herz klopfte.

Vorsichtig erhob er sich von seinem Lager und stieg, immer versteckt, vollends bis in das Dorf hinunter, das er menschenleer wußte. Mit der Gewandtheit eines schleichenden Wolfes gelangte er bis an die Hinterthür der mütterlichen Wohnung. Er hatte sich in seiner Vermuthung, dort Niemand zu finden, nicht getäuscht. Die Schwester war ja mit hinausgelaufen an den Strom, und die Mutter, Sehnsucht und Glück im Herzen, saß auf ihrem Lieblingsplätzchen in der Rebenlaube.

Peter stellte sich an das Fenster, das nach der Straße führte und wählte, wohlbedacht, seinen Platz in der Weise, daß sich Alles auf der Straße sehen ließ, daß aber die das Fenster halbbedeckenden Weinblätter den Beobachter von außen verbargen. Die Glocken läuteten. Wie seltsame Gefühle durchwogten des Wildschützen Brust! Das Nahen des Zuges ward vernehmbar. Die Anführenden wurden sichtbar, die Menge drängte sich, der Wagen ging langsam vorüber, der Kirche entgegen.

Peter wagte kaum zu athmen. Sein Blick haftete einzig auf dem edlen, bleichen Gesicht des Bruders, dessen tiefe, dunkle Augen an den Fenstern des heimathlichen Daches hingen. O, dieses Antlitz! Diese Augen erzählten nicht von Jugendmuth und Lebensfreude:

23

stille Resignation, widerstandslose Ergebung sprachen aus dem matten Blicke und zeichneten sich um den feingeschnittenen Mund.

Und dennoch – der Bruder grüßte, er grüßte in die Rebenlaube, und die Augen verklärten sich so kindesrein und seelenvoll; sie verriethen ein warmes Menschenherz, ein Bruderherz.

Der Zug war vorüber; vereinzelte Dorfbewohner eilten ihm nach, der Kirche zu, und auch Frau Elsbeth verließ die Weinlaube und den Garten, um in bald schwankendem, bald trippelnden Gang den Andern in das Gotteshaus zu folgen.

Peter stand noch immer an derselben Stelle.

„Das also ist sein Glück," sagte er dumpf für sich, „um das ihn Tausende beneiden? Ob es nur wirklich ein Glück auch für ihn ist? Ob *er* glücklich ist?" Er sah nicht danach aus. „Wehe! Was haben die Pfaffen aus dem fröhlichen, frischen Jungen gemacht! Möchte man nicht vermuthen, daß ihm ein Vampyr das Blut ausgesogen habe, daß nur noch der Geist in der ausgeschlürften Hülle wohne? Gott verzeihe es mir – ich kann den armen Jungen nicht beneiden, nicht um aller Weihen willen, die er auf sein Haupt empfangen, nicht um aller Gnaden willen, die er begnadigt ist, zu spenden..."

Peter war ernst und weichmüthig geworden. So hatte er sich den Bruder nicht vorgestellt, obgleich man schon vom letzten Besuche her sich ein solches Bild hätte machen können; es bemächtigte sich des Wilderers Brust ein Empfinden, wie wenn ihm etwas von Liebe Geweihtes entfremdet worden wäre, und er hätte laut aufschreien mögen: „Armer Peter, das ist nicht mehr Dein Bruder! Arme Mutter, das ist nicht mehr Dein Sohn! Jener Xaver heißt ein Priester und ist nichts, als ein Priester!"

Der so tief Enttäuschte verließ das Haus. Der Weg zur Kirche, den er jetzt auch ging, war menschenleer geworden. Durch die offene Thür erblickte Peter den lichtschimmernden Altar, und das wohlbekannte Schellen, das den Eintritt des Geistlichen und den Beginn der heiligen Handlung ankündigte, klang vernehmlich aus dem Gotteshause. Die Orgel ertönte, die Gemeinde lag auf den Knieen, die Köpfe zum Gebete geneigt. Der Wildschütz war leise in die Kirche und hinter den letzten Pfeiler getreten. Da stand er, von Niemand bemerkt, während er Alles übersah, was vor dem Altar und auf der Kanzel geschah. Aufmerksam lauschte er der heiligen Handlung, lauschte er jedem Worte des jungen Geistlichen, der sein Bruder war.

Die seelenvolle Stimme Xaver's, die hohe Weihe, welche denselben sichtlich ergriffen hatte, als er die Functionen seines heiligen Amtes übte, verfehlten ihren bewältigenden Eindruck weder auf die Gemeinde, noch auf den lauschenden Peter.

Beim Sanctus war der Wilderer andächtig auf seine Kniee gesunken und lag so im Schatten des Pfeilers noch, als das *Vobiscum dominus* von des jungen Pfarrers Lippen ertönte, um mit seinem Segen die Gemeinde zu entlassen.

Die Geistlichen zogen sich in die Sacristei zurück. Die Kirchgänger strömten in die Dorfstraße; ihre Andacht war den kritisirenden Bemerkungen über den neuen Seelsorger gewichen, über den man in den aufrichtigsten Lobeserhebungen einstimmig war. Auch die Heiterkeit verschaffte sich bei dem leichtlebigen Völkchen bald wieder ihre gewohnten Rechte.

Peter lag noch immer, wie ein Büßender, auf seinen Knieen, von Niemand gesehen oder beachtet und ohne selbst aufzublicken, um das Gotteshaus zuletzt und möglichst unbemerkt zu verlassen, wie er dasselbe betreten hatte.

Das letzte Paar begab sich zur Kirche hinaus. Eine wohlbekannte, liebe Stimme drang an Peter's Ohr. Ein heimliches Lachen und zärtliche Worte einer anderen Stimme, die dem Horchenden tief verhaßt war, schloß sich an die Klänge der Ersteren. Peter fühlte, wie all sein Blut mit einem Male vom Herzen hinweg dem Kopf zuzuströmen schien. Er richtete sich halb empor und gewahrte mit wuthfunkelndem Blick – die schöne Regina mit Johannes, der den Arm um seine Braut geschlungen hatte und, verborgen und im Fluge kosend, sich eben neigte, um dem seelig zu ihm ausschauenden Mädchen ein Küßchen zu stehlen.

Das Alles hatte sich, unbemerkt von jedem Andern, in einem Augenblicke, gleichsam unter der Kirchenthür abgespielt, und der einzige Beobachter am Fuße des Pfeilers knirschte vor Eifersucht und bezwang mit Mühe einen Aufschrei der Raserei aus der keuchenden Brust, die zu zerspringen drohte.

Der geschniegelte Nebenbuhler, der flatterhafte Knabe, hatte Regina geküßt, und sie hatte es mit der Miene des Glückes geduldet, und er, der es belauscht hatte, liebte das Mädchen doch mit so unverlöschbarer, so gewaltiger Glut!

Die guten Geister, die dieser Tag in dem Wilderer geweckt hatte, versengten wie Spreu vor dem Ausflammen der erregten Leidenschaften. Der Unglückliche vergaß Bruder und Mutter; er stürzte in die Berge und in den Wald, wo er bald zu seinen Genossen in der Waldschänke stieß, um mit ihnen beim Gläser- und Würfelklang das Geld zu vergeuden, das der gewilderte Hirsch eingebracht hatte.

Mittlerweile war Xaver nach kurzer Rast in seiner neuen Wohnstätte, dem Pfarrhause, wo er dankbar des verstorbenen Lehrers gedachte, nach der mütterlichen Wohnung hinübergegangen.

Frau Elsbeth erhob sich beim Eintritt des willkommenen Gastes und streckte dem Lieblingssohne die Arme entgegen. Ihr Gesicht strahlte in seeliger Verklärung.

„Mein Sohn! mein Xaver! Gott segne Deinen Eingang und Dein Wirken in der Heimath!" rief sie unter hervorstürzenden Thränen mit zitternder Stimme dem jungen Pfarrer entgegen, der bei diesem Anblick die Formen der geistlichen Würde vergaß, während sich der natürliche Gemüthsmensch um so schöner entfaltete.

„O, meine Mutter! meine gute Mutter!" Mit diesen, vor freudiger Rührung halberstickten Worten flog er an das Mutterherz, und die Alte legte segnend ihre Hände auf seinen Scheitel.

Xaver entwand sich endlich sanft den Armen der Mutter, und nach den ersten, ruhigen Worten, die Beide mit einander sprachen, kehrte in ihm die Mahnung an die Pflichten seiner Stellung, die ihn nur auf die große Gemeinschaft der Diener des Herrn verwies, zurück. Mutter und Sohn hatten Platz genommen, und Letzterer erkundigte sich nach den Zuständen und Personen im Dorfe. Er forschte wie ein Geistlicher, der die seiner Seelsorge anvertraute Gemeinde kennen lernen will.

Mutter Elsbeth fühlte das alsbald heraus, und es befremdete sie nicht. Hätte sie erwarten dürfen, daß der Sohn den Priester über die Familie vergesse?

„Also Liesel ist, wie Du vorhin erwähntest," fragte Xaver beiläufig während der Unterhaltung, „eine glückliche Braut geworden?"

„Ja, mein Sohn, und das dankt sie vor allen Dingen Dir," erwiderte die Mutter.

„Mir?"

„So ist es. Du kennst unsere knappen Vermögensverhältnisse, die sich seither nicht gebessert haben. Du wirst Dich auch der Lage des Nachbars Walter erinnern, des reichsten Weinbauern des Dorfes. Anfangs war ihm bei Vergleichung dieser Umstände die Liesel als Schwiegertochter durchaus nicht genehm. Als Du jedoch zum Pfarrer designirt wurdest, fand er, daß Deine Schwester seinem Sohne ebenbürtig sei, und da der Junge nicht von der Liesel und sie nicht von ihm lassen wollte, so erlaubte der alte Walter, daß er um ihre Hand anhalte. Du warst mithin der Glücksschmied des jungen Paares."

Xaver lächelte mitleidig über diese weltliche Eitelkeit.

„Die Hochzeit," fuhr Mutter Elsbeth fort, „wird auch nicht mehr lange auf sich warten lassen. Gleich nach der Weinlese soll die Verbindung stattfinden, und wir werden noch dazu eine Doppelheirath erleben."

„Also ist im Dorfe noch ein Brautpaar?" fragte der junge Geistliche.

„Du wirst Dich der hübschen Regina erinnern, die nunmehr Deine Schwägerin wird," berichtete die Mutter redselig weiter. „Diese soll dem jungen Johannes, dem Sohn des Weinbauern unten im Dorfe, angetraut werden. Der Johannes ist ein schmucker Bursche geworden, den Du kaum wiedererkennen wirst; aber etwas leichtsinnig und flatterhaft ist er geblieben. Er hat eigentlich allen jungen Mädchen den Hof gemacht. Er ist die beste Partie im Orte, und manch feuriges Augenpaar warf seine Netze nach dem Wildfang aus. Dem Alten wurde bang, daß sich sein Sprößling verplempern könnte, und um der Gefahr zu begegnen, hielt er um Regina für das einzige Söhnchen an. Der Antrag stand dem Vater des Mädchens gerade jetzt durchaus an, und seitdem der Bursche Bräutigam ist, hat er nur noch Augen und Sinn für seine Braut, und es scheint, als übe Regina den günstigsten Einfluß auf seinen Charakter aus."

„Du betontest," fiel Xaver in's Wort, „daß dem alten Walter gerade jetzt die Werbung sehr willkommen gewesen sei; hatte denn dies einen besonderen Grund?"

Frau Elsbeth zögerte mit der Antwort.

„Nun, liebe Mutter, sprich Dich offen aus und verheimliche mir nichts," sagte Xaver mit sanftem Ernste. „Wo ich als Seelenhirt wohlthätig wirken soll, da muß ich klar sehen können."

„Ja, es hat einen Grund," lautete die etwas stockende Antwort, „der uns selbst nahe betrifft. Dein Bruder –"

„Peter! – ich habe ihn noch nicht gesehen," unterbrach sie Xaver und unterdrückte einen leichten Seufzer.

„Höre denn: Dein Bruder bewarb sich um Regina. Wie in Allem wild und ungestüm, so war er es auch in seiner Liebe. Anstatt Gegenliebe zu gewinnen, flößte er dem Gegenstand seiner Leidenschaft Furcht und Schrecken ein. Auch der alte Walter schien von einem Schwiegersohne dieser Art nicht sehr erbaut zu sein. Er ergriff deshalb mit Freuden die Gelegenheit, seine Tochter anderweitig zu verloben und in dieser Weise die ferneren Bewerbungen Peter's abzuschneiden. Und Gott weiß! ich konnte es dem Nachbar nicht verdenken."

„Ich verstehe Dich nicht ganz, gute Mutter," versetzte Xaver mit ungewisser, banger Stimme.

„O, wollte der Himmel, daß mich Niemand zu verstehen brauchte!" seufzte die Greisin. „Es ist schrecklich, als Mutter den eigenen Sohn anklagen zu sollen und dem erbarmungslosen Urtheil der Leute nichts entgegensetzen zu können, als ein schmerzliches Schweigen!"

„Mutter!" fiel Xaver erschrocken ein, „Du bist grausam gegen mich; sprich doch, sprich! Was ist es mit Peter?"

„Er wird verloren gehen für diese und jene Welt," sprach die alte Frau im dumpfen Jammertone, „wenn Dir es nicht gelingt, ihn zu retten."

„Verzage nicht!" bat Xaver innig. „Gottes Gnade erweist sich so unerschöpflich und grenzenlos; er wird in das Licht seines Wortes die Kraft legen, daß ich die Nacht zu lösen vermag, in der sich die Seele meines Bruders verirrte. Aber erzähle vor Allem, welcher Schuld zeiht man den Armen?"

„Du weißt, Peter war stets ein ungestümer Mensch. Er gerieth auf dem Tanzboden unter schlechte Gesellschaft. Es schmeichelte seiner Eitelkeit, es diesen Allen an tollen Streichen zuvorzuthun, sie an Körperkraft zu überragen und eine unbestrittene Herrschaft über die wüsten Gesellen zu erlangen. Seine eiserne Natur befähigte ihn überdies, beim Zechen und Kartenspiel am längsten auszudauern, und er setzte einen Ehrgeiz darin, seine Ueberlegenheit in diesen Punkten zu zeigen. Meine mütterlichen Ermahnungen und Bitten fruchteten nichts; er fand vielmehr in meinen Vorstellungen einen Grund mehr, das elterliche Haus zu meiden und die Schänke aufzusuchen."

„Arme Mutter! hast Du denn aber niemals versucht, den Einfluß der Kirche auf den Unglücklichen zur Geltung zu bringen?"

„Allerdings überwand ich mein Widerstreben, die Anklägerin des eigenen Kindes zu werden und ging zum seligen Pfarrer, um dessen Hilfe in Anspruch zu nehmen. Der gute Herr ließ Peter zu sich rufen. Er sprach dem trotzigen Burschen mit aller Liebe zum Herzen, ohne die Halsstarrigkeit zu beugen, und er drohte mit Excommunication, sofern Peter nicht baldige Besserung zeige."

„Und das Wort des milden Greises hätte den Unglücklichen nicht zur Umkehr bewegt?"

Frau Elsbeth schüttelte schmerzlich das Haupt. „Schlimmer hat es ihn gemacht. Wie ein Rasender kam er aus dem Pfarrhause heim. Zorn flammte aus seinen Augen, ein Unwetter zuckte in jeder seiner Mienen. Mit dröhnenden Schritten rannte er in der Stube auf und nieder. „Peter, was hast Du?" fragte ich. Er antwortete mit einem wilden Hohngelächter, das mir bis in's innerste Mark drang. „Gott steh' uns bei!" schrie ich auf, „er ist närrisch geworden." Er stellte sich vor mich hin und brüllte: „„Närrisch! ja, es ist kein Wunder, wenn Einem das Bischen Verstand flöten geht. Siehst Du, Mutter, ich merke mir recht gut an, daß viele unnütze, verwilderte Aeste von mir loszuhauen und zu schneiden sind, daß es vielleicht erst noch einer Oculation bedarf, ehe eine gedeihliche Frucht von mir zu erwarten ist. Ich beklage Dich deshalb oft im Stillen und ich tröste mich nur damit, daß Du unseren Xaver hast außer mir. Ich ertrage auch still die wohlverdienten Vorwürfe, die Du mir machst. Aber wenn jene Brut der Schwarzröcke mich schulmeistern, mir drohen will, als ständen sie durch Tugend so erhaben über uns, so möchte ich schier zerspringen vor Entrüstung. Ich kenne diese heuchlerische Art. Da hat jetzt kaum zwei Meilen von hier ein Pfarrer eine arme Magd verführt und nachher nichts wissen wollen von ihr und der Vaterschaft. Das verrathene Ding hat sich vor Elend und Verzweiflung mitsammt ihrem Kinde im Rhein ertränkt. Der schändliche Verführer aber sitzt heut noch in der fetten Pfarrei, schlürft seinen Wein wie zuvor, kneift die schmucken Beichtkinder in die Wangen, ertheilt Absolution und segnet wie sonst. Mir schwindelt es. Und solch Pfaffengezücht will uns abkanzeln und in den Kirchenbann thun? Mögen sie es an dem Peter erfahren, welchen Werth ihre Drohungen und ihre angemaßte Macht für einen selbstständig fühlenden Mann haben. War den sauberen Herren mein Lebenswandel ein Anstoß, so soll er ihnen jetzt ein beständiger Verdruß werden. Das schwöre ich!'" Damit stürzte er weg, und er hielt Wort; fortan trieb er es ärger als je."

Xaver saß mit tiefgeneigtem Haupte da. Bei der Erwähnung jenes Pfarrers zuckte er zusammen wie vor einem Natterbiß. Ja, auch er hatte von dem schrecklichen Vorfalle gehört, der sein kindliches Gemüth erbeben gemacht; auch er hatte es nicht zu fassen gewußt, daß der Geistliche in seinem Amte belassen wurde, obgleich die öffentliche Stimme, die nicht zum Schweigen gebracht werden konnte, wider ihn zeugte. Aber jedes katholischen Geistlichen erste Tugend soll der schweigende Gehorsam sein; das wird gar bequem für jede Unbequemlichkeit. Xaver war natürlich ebenfalls in dieser Tugend erzogen worden, und der Gedanke, eine Frage betreffs jenes Geistlichen zu wagen, hatte sich in der Unterwürfigkeit des schweigenden Gehorsams verloren, der unbedingt des Vorgesetzten Thun für unfehlbares Recht anerkennt. Und jetzt trat ihm sein eigner, einst kurz abgethaner Zweifel plötzlich wieder aus dem Munde des Laien als Anklage gegen den geistlichen Stand und als Entschuldigung eigenen Fehls entgegen. Diese Wahrnehmung fiel schwer auf sein priesterliches Gewissen. Was konnte, was durfte er hier erwidern?

Frau Elsbeth hatte auf eine Entgegnung ihres Sohnes gewartet, der, in Gedanken versunken, da saß. Als eine Antwort nicht erfolgte, fuhr sie fort: „Unglücklicher Weise trat zu all dem Grolle Peter's noch die Täuschung verschmähter Liebe. Seitdem hat Peter den letzten Halt verloren. Keine Nacht kommt er vor dem Morgengrauen nach Hause, und nicht selten läßt er sich Tage lang gar nicht sehen. Ich fürchte, er wandelt auf schlimmen Wegen."

„Hast Du denn Kenntniß, was er während der Nächte treibt? Ob er sie verschlemmt, oder ob ihn seine wüsten Genossen noch zu ärgerem Unwesen verleiten?"

„Sichere Kenntniß – nein, die habe ich nicht."

„Aber Du ahnst es, Mutter! Sei offen gegen den Sohn, in dessen Brust Deine Worte wie das Beichtgeheimniß verschlossen werden."

„Die Leute behaupten, er wildere und verkaufe das Wild in den Hotels der Badeorte über der Grenze."

„Woraus schließen denn die Bauern, daß dem so sei?"

„Ich weiß es nicht. Sie sagen es eben und schätzen dies als die einzige lobenswerthe Eigenschaft Peter's. „„Der Peter ist doch bei all seiner Unverträglichkeit ein ganzer Kerl,"" hat neulich noch des Johannes Vater gesagt. „„Er muß sein heiß Blut irgendwo abkühlen, und da liebt er's, daß ihn Nachts die Waldluft anwehe. Zu seiner Liebhaberei gehört Muth, und er zeigt, daß er ihn aus dem FF besitzt."" So denken die Bauern, die Jeden segnen, der dem Fürsten das Wild todtschießt. Ich weiß nicht, ob es Sünde ist, wer sich ohne Erlaubniß auf dies Handwerk legt; aber ich weiß, daß man Dem den Prozeß macht, der beim Wildfrevel gefaßt wird, und ich weiß auch, daß Peter bei solchem Leben völlig ausarten und untergehen wird."

„Das sind trübe Nachrichten," seufzte Xaver, als die Mutter geendigt hatte, „und ich danke Gott, daß er mich hierher berief. Freilich schmerzt es tief, daß es der Bruder ist, an dem ich mein Seelenamt zuerst versuchen muß; aber gerade weil es mein Bruder ist, bleibt zu hoffen, daß mein Versuch von Erfolg gekrönt werde."

„Das walte Gott um einer alten Mutter willen!" setzte Frau Elsbeth hinzu.

„Sende mir den Bruder zu," bat Xaver, „sobald er wieder nach Hause kommt. Sage ihm, ich sehne mich nach ihm. Und nun lebe wohl für heute. Friede sei mit Dir!"

Er ging hinaus und durch das Gärtchen, wo Liesel mit einer Arbeit in der Rebenlaube saß und ihr Verlobter neben ihr.

Beide standen ehrerbietig auf vor dem schlanken, jungen Mann im langen, schwarzen Kleide. Franz zog den Hut ab und blieb bescheiden stehen, Liesel aber eilte auf den Bruder zu und küßte ihm die Hand, wie sie es dem Geistlichen zu thun von jeher gewöhnt war. Auch für sie war nun der Bruder schon in dem Pfarrer aufgegangen, nachdem sie ihn an dem Altar gesehen.

Xaver erhob segnend, die Hände über das Paar, und seine wohltönende Stimme sprach: „*Pax vobiscum!*"
Dann ging er in sein einsames Pfarrhaus hinüber, um sich zu sammeln und zu studiren. – Mit einigem Mutterstolze sah Frau Elsbeth an diesem Abend zum ersten Male wieder seit langer Zeit die Lampe im Pfarrhause leuchten.

III

Das Lämpchen des Studirzimmers brannte bis tief in die Nacht hinein. Es waren aber nicht Studien, die den neuen Bewohner jenes Stübchens heute wach erhielten, sondern peinliche Aufregungen, die ihn bestürmten, und schwerwiegende Zweifel, die sich seiner Seele bemächtigten. Kaum in sein Amt getreten, hatte er innere Kämpfe zu bestehen, die ihn zu erdrücken drohten. Er war mit so frohem, kindlichen Herzen nach Weinheim gekommen. Wie hatte ihn der Gedanke angelächelt, in seinem lieben Heimathsorte als Seelsorger zu wirken! Der greise Pfarrer war ein vortrefflicher Vorarbeiter gewesen; er hatte sich wie ein Vater in einer großen, wohlgerathenen Familie gefühlt. Er hatte kein Streiter im Herrn, sondern nur ein Versöhner zu sein gebraucht, und denselben stillen Wirkungskreis hatte Xaver zu finden erwartet. Er war sich bewußt, daß sein weiches Gemüth nicht für den Kampf, sondern nur dafür geschaffen sei, Wunden zu heilen, Trauernde zu trösten, Verzagende aufzurichten und durch Liebe zusammenzuhalten, was sich in Liebe vereinigt. Diese Charaktereigenschaften Xaver's hatten seinen Lehrer zu dem Wunsche veranlaßt, den Schüler zum Nachfolger in Weinheim zu haben, und auch der Bischof mochte aus denselben Gründen der Erfüllung dieses Wunsches geneigt gewesen sein. Denn dadurch unterscheidet sich auch die katholische Kirche von der protestantischen, daß sie bei Auswahl der Geistlichen zur Besetzung von Vacanzen nicht nach beliebiger Altersordnung, sondern lediglich mit Rücksicht auf die besonderen Fähigkeiten des Priesters und auf die vorliegenden Bedürfnisse der Gemeinde ihre Entschlüsse trifft. Die katholischen Kirchenhäupter studiren ihre Diener und den Geist der Gemeinden; sie senden, wohlerwogen, hierhin einen duldsamen Seelenhirten, dorthin einen strengen Seelenprüfer und noch anderwärtshin einen gewaltigen Streiter.

Es waren schmerzliche Erwägungen, denen sich Xaver hingab; denn wie er sich seiner, einzig einem stillen, versöhnenden Wirken angepaßten Charaktereigenschaft vollauf bewußt war, so sah er sich der Verwendung der ihm zu Gebote stehenden, ihn zu dem anvertrauten Priesteramte ausschließlich befähigenden Mittel mit einem Schlage beraubt. Wie durfte er, der Bruder des wilden Peter's, dieses Menschen, den jede Stunde in's Zuchthaus führen konnte, dessen vom Gesetz verbotenes Gewerbe bis zum Verbrechen des Mordes so leicht hinreißt, – wie durfte er seine Pfarrkinder zur Nachfolge Christi ermahnen, ihre Fehler tadeln, ihnen Buße auferlegen und ihnen ein Beispiel gottesfürchtigen Wandels sein wollen, wenn der Verworfenste der Kirchengemeinde der nächste Blutsverwandte des Predigers selbst war. Mußte Xaver nicht besorgen, daß sein Beichtkind auf die priesterliche Ermahnungen mit herausforderndem Blicke fragen würde: „Sieh' nur in Deine eigene Familie und schaufle den Unrath dort fort, bevor Du den Staub von Deines Nachbars Schwelle bläst." Mußte er nicht fürchten, daß, wenn er von der Kanzel herab den Einbruch in die gute Zucht mit dem Worte getreuer Seelsorge geißeln werde, die Zuhörer sich mit spöttischer Miene einander hämische Bemerkungen in's Ohr zischelten?

Freilich befand sich jener Verführer, von dem Frau Elsbeth geredet und auf den sich Peter berufen hatte, noch immer als Geistlicher im Amt und Würde; aber wie war dies möglich? Xaver wußte allerdings, daß jener Priester den Ruf eines machtvollen Streiters für die Kirche, welcher er angehörte, besaß, und daß für seine Gemeinde, wo der Protestantismus rings umher sich ausgebreitet hatte, kaum eine tauglichere Persönlichkeit zu finden gewesen wäre; aber trotzdem, wo blieb die Heiligkeit der Religion, der Kirche, wenn ihren Zwecken alle Mittel passend erschienen, wenn sie nicht die Diener ausstieß, deren Ruf und Leben nicht fleckenlos war, wie das Leben desjenigen, der die hohe Lehre verkündete? Und wie konnte ein Geistlicher selbst vor den Altar treten, auf dem der Vorwurf der schwersten Schuld lastet? Wie durfte er wagen, das heilige Wort zu verkündigen, wenn sein häusliches Thun dem Worte Lügen straft, wenn irgend ein Makel an ihm ist vor den Leuten, die er lehren, trösten, binden und lösen soll an der heiligen Stätte?

Xaver saß stundenlang in düsterm Nachsinnen, und seine Zweifel wuchsen und seine Entschlüsse kämpften. Endlich, der Morgen graute schon wieder, da stand er auf vom Tische und rief seufzend aus: „Gott helfe mir! ich finde keinen Ausweg aus diesem Labyrinthe. So es mir nicht gelingt, in Peter's Seele den Keim zur Heiligung neu auszustreuen und zu kräftigem Gedeihen zu pflegen, daß der Verirrte sich losmache von seinem Lasterleben, so vermag ich nicht, der Priester dieser Gemeinde zu bleiben. Ich muß an den hochwürdigen Bischof schreiben und mir in diesem schwierigen und meine Seele beängstigenden Falle seinen Rath erbitten."

Mit diesem Entschluß löschte Xaver seine Lampe und suchte sein Nachtlager, von welchem ein weiteres, schmerzvolles Grübeln den Schlaf verscheuchte. –

Im Dorfe begann schon am frühesten Morgen die emsigste Thätigkeit. In den Weinbergen gab es volle Arbeit, und der außergewöhnliche Feiertag von gestern sollte heut durch verdoppelten Fleiß wieder wettgemacht werden.

Da blieb Keiner, der die Hände rühren konnte, zu Haus; denn der Berge Segen will durch Anstrengungen verdient werden. Der Winzer darf keine Witterung scheuen und muß geduldig zwischen den Rebengeländen die Sonnenhitze ertragen, die auf den Terrassen von dem steinigen Boden niederglüht und die Trauben kocht, auf daß sie süß und feurig werden. Je mehr Tropfen Schweißes von der Stirn des Winzers rinnen, desto köstlicher perlt nachher der goldene Saft im Glase.

Auch Walter mit seinen beiden Kindern und seinem Gesinde war bereits beim ersten Strahle der Sonne nach den Bergen aufgebrochen. Franz und Regina eilten voraus, während sich der Vater am Wege schon etwas zu schaffen machte, hier eine Rebe anband und dort einen überflüssigen Schößling abschnitt. Plötzlich stieß Regina einen lauten Schrei aus.

„Dort! dort, Franz!" rief sie entsetzt, während sie sich an den Arm ihres Bruders anklammerte, „dort liegt ein blutiger Leichnam – der wilde Peter!"

Sie hatte Recht. Rechts vom Wege zwischen dem Weinlaub und quer über die abgestufte Furche, die zwischen den Terrassen des Weinberges emporführte, lag eine riesenhafte, regungslose Gestalt. Das Gesicht war nach dem Erdboden gekehrt, die Arme hatte der Verunglückte weit nach vorn gestreckt. Daß der Körper dem wilden Peter angehörte, verrieth das volle, struppige Haupthaar.

Franz, von der zitternden Regina gefolgt, trat dem Leblosen näher.

Er rüttelte ihn, doch der Körper blieb starr.

„Er ist todt – todt!" rief das junge Mädchen, von Mitleiden und Entsetzen erregt, mit weinender Stimme und rang die Hände.

„Das verhüte Gott!" meinte Franz; aber rathlos und tief ergriffen von dem Gedanken, die Leiche des auf gewaltsame Weise umgekommenen Bruders seiner Liesel vor sich zu sehen, rief er mit halberstickter Stimme dem Vater zu und winkte demselben in banger, unheimlicher Hast, daß der alte Mann, ein Unglück ahnend, sich in Sturmlauf setzte, und seine schwere Gestalt keuchte den Berg hinauf, um die jungen Leute so schnell als möglich zu erreichen.

Regina stürzte dem Greis entgegen. „Der Peter hat sich den Hals gebrochen!" jammerte sie. „Die arme Mutter Elsbeth! was wird sie zu dem Elend sagen? Ohne Beichte und Absolution, gottlos, wie er im Leben war, ist er hinübergegangen. Das wird dem Herrn Pfarrer schweren Kummer machen. Die erste Amtshandlung an dem Grabe des gestorbenen und verdorbenen Bruders! O, o! Diese Heimsuchung trifft tief!"

Vater Walter, ganz athemlos von dem forcirten Bergsteigen, mäßigte seinen Schritt. Er sprach nichts, weil er dazu außer Stande war, schüttelte jedoch unwillig mit dem Kopf, weil er unnützes Wehklagen verabscheute und ein hilfebringendes Eingreifen dem Wortaufwande vorzog. Alsdann wandte er sich um und winkte den Winzern, die von allen Seiten sofort herbeieilten.

An der Unglückstätte angelangt, prüfte Walter mit Sorgsamkeit den starren Körper Peter's. Unter dem Beistand des Sohnes wälzte er den leblosen Mann auf den Rücken. Die Gesichtsfarbe des Unglücklichen war entsetzlich bleich, die Lippen schimmerten bläulich, die Augäpfel unter den halbgeschlossenen Lidern hatten jeden Glanz des Lebens verloren, von der oberen Stirn, unmittelbar an der rechten Schläfe klaffte eine Wunde. Der Alte betastete mit prüfender Hand Puls und Brust des Erstarrten und blickte bedenklich drein. Plötzlich aber rief er: „Gott sei Dank, der Peter ist noch kein todter Mann! Ihr Grasaffen," wendete er sich an seine Kinder, „habt mich mit Eurem Geplärre außer dem Häuschen gebracht! – Alle Mann 'ran!" gebot er alsdann den inzwischen eingetroffenen Winzerknechten, „tragt den Verwundeten in das Winzerhäuschen dort; das Häuschen ist nicht weit und gewährt Bequemlichkeit genug, daß sich ein Halbtodter darin erholen kann. Seid vorsichtig beim Aufheben, sachte! sachte! So – nun vorwärts, aber nicht gestrauchelt! Und Du, Joseph, Du hast die flinksten Beine. Marsch 'nunter in's Gehöft! Lasse Dir von meiner Frau Wasser und Wein nebst einigen Leinenlappen geben und bring's flug's herauf. Red' aber zu Niemandem von der Sache, hörst Du? Frau Elsbeth braucht von der Affaire nicht eher 'was zu wissen, als bis es ihr der Verunglückte selber erzählt!"

Joseph, ein Bursche von sechszehn Jahren, eilte hurtig den Berg hinunter, um den Auftrag auszuführen, und der alte Walter ging mit Sohn und Tochter den Trägern des Verwundeten nach, die er dann und wann durch einen Zuruf zur Vorsicht ermahnte, während er mit seinen Kindern Vermuthungen austauschte, auf welche Weise sich Peter den Unfall zugezogen haben könnte.

In der Winzerhütte bereitete man, so schnell und so gut es ging, ein Lager für den Verwundeten. Walter spielte den Wundarzt. Joseph erschien alsbald wieder. Die Stirn und die Schläfe Peter's wurden sorgfältig gewaschen, das Haar aus der Wunde vorsichtig entfernt und dieselbe eingehender geprüft.

„Diese Schramme wird schnell wieder heilen," brummte Walter, „wenn der Bursche nur erst zum Bewußtsein kommen wollte!"

Man rieb den Körper des Erstarrten, und es wurden ihm einige Tropfen Wein zwischen den Lippen in den Mund geträufelt.

Unter diesen Bemühungen erwachte Peter endlich. Er schaute wie ein Träumender um sich und schloß alsdann die Augen wieder, als wolle er seine Gedanken sammeln. So verharrte er mehrere Minuten. Er athmete tiefer auf, und plötzlich rund um sich schauend, sagte er: „Zum Kukuk, das war ein schwerer Rausch! Aber wo bin ich eigentlich? Da stehst Du, Franz, und dort Dein Vater, und rings umher Euer Gesinde! Das ist Eure Winzerhütte, Walter?"

„Ganz recht, Peter, und Du darfst uns immer ein Bischen zum Dank verpflichtet sein; denn Du lagst als Todter in unserem Berge, und wir haben Dich hierher getragen."

„Bah! todt? Der Heurige hat seine Mucken; er hat mir ein Bein gestellt. Ihr durftet mich nur ruhig liegen und ausschlafen lassen. Mir wird es schwül zwischen den vier Wänden; ich muß in's Freie."

Der Kranke machte eine Anstrengung, um sich zu erheben.

„Gemach, Peter," ermahnte Walter, „das Davonlaufen macht sich nicht so schnell. Du hast Dir irgendwo die Stirne mit einem halbwegen Riß gezeichnet, und weil bei diesem Scherz ein wenig viel Blut aussuppte, wird Dir wohl nichts Anderes übrig bleiben, als Dich ruhig zu verhalten."

Peter fuhr während dieser Worte entrüstet mit der Hand an die Stirn. Er riß die Binde vom Kopf, um sie fortzuschleudern. Er hielt ein weißes Tuch zwischen den Fingern, das Walter's Sorgfalt über die angefeuchteten Leinenlappen gebunden hatte. Peter starrte mit finsterem Blick auf das Tuch, – sein Auge verklärte sich und glitt forschend über sämmtliche Anwesende. „Ja, Vater Walter," sprach er alsdann, wie umgewandelt, mit mildem Tone, „Ihr habt Recht, ich bedarf der Ruhe."

Wie ein Kind, das eine Unart gut zu machen wünscht, bemühte er sich, das Tuch wieder um das bleiche Haupt zu winden, wozu ihn der freundliche Beistand Walter's in Stand setzte.

„Nehmt meinen Dank, Vater Walter," bat der Verwundete alsdann. „Ich werde ein wenig schlafen; ich fühle es, daß ein tüchtiger Schlaf die Schwere aus meinen Gliedern treiben wird. Laßt Euch um meinetwillen nicht länger von Eurer Arbeit abhalten."

Der Greis gab den Seinen einen Wink, und Alle entfernten sich. Als Peter sich allein wußte, löste er wiederum das Tuch von der Stirn. Er drückte den demselben eingestickten Namen „Regina" an seine Lippen und starrte, wie im wachen Traume, lange vor sich hin. Die heftiger werdenden Schmerzen in der Wunde mochten ihn aus seinen Gedanken stören; er suchte in den Taschen seiner Joppe, langte ein Pflaster hervor, daß er für alle Fälle bei seinen gefährlichen, nächtlichen Streifereien bei sich zu tragen pflegte, und heftete es auf die Wunde. Dann versank er in ein neues Hinbrüten, bis sich ein tiefer Schlaf des Erschöpften bemächtigte.

Um die Mittagszeit ward die Thüre leise geöffnet; Vater Walter sah sich nach dem Patienten um. Geräuschlos schlich der brave Greis an das Lager und nickte zufrieden beim Anblick des Schläfers. Ebenso unhörbar entfernte sich Walter wieder und stieg in's Dorf hinunter; aber anstatt sein Gehöft zu suchen, wo ein reichliches Mittagsmahl bereits auf dem Tische dampfte, begab er sich in's Pfarrhaus.

Gegen Abend, als die Sonne zur Rüste ging und ihre tiefglühenden Strahlen noch quer nach den Bergen hinübersandte, während sie die grünen Wogen des großen Stromes in zitterndes Feuer umwandelte, da trat Xaver, der heut noch bleicher als gewöhnlich, aus dem Pfarrhause, um den ihm wohlbekannten Weg nach Walter's Weinbergen einzuschlagen. Ein schmerzlicher, wehmüthiger Zug lagerte auf dem feinen Antlitz des jungen Priesters, das von einem breitkrempigen, schwarzen Hute beschattet ward.

Er wandelte wie im Traume an den Erinnerungsplätzen seiner glücklichen Kindheit vorüber, und wie im Traume grüßte er die ihm Begegnenden mit dem frommen Spruch: „Gelobt sei Jesus Christus.“

Langsam schritt er in derselben Furche den Berg empor, in welcher Peter am Morgen gefunden worden war. Endlich stand er vor dem kleinen Winzerhäuschen. Sein Auge schweifte über die Landschaft, die im Abendsonnengolde prangte. Der Anblick über das Rebenmeer hinweg auf Thal und Dorf dort unten, auf die Berge hüben und den Strom drüben, vereinigte den ganzen Zauber landschaftlicher Reize. Xaver's Gemüth vermochte sich dem Eindrucke nicht zu entziehen. Sein Auge verklärte sich, seine Seele sog Entzücken von diesem Blatte aus des unerschöpflichen Herrgott's Bildermappe. Im Genuß der reinen Wonne faltete er die Hände zum stillen, heiligenden Gebete; dann trat er gefaßt in die Hütte.

Peter erwachte bei dem Geräusch, das der Eintretende verursachte. Er glaubte, Walter zu sehen und erkannte seinen Bruder.

Zuerst streckte er, freudig erregt, die Arme nach demselben aus, um ihn an's Herz zu drücken. Aber die Erinnerung an den augenblicklichen Zustand erfüllte ihn mit Scham, und er ließ die Arme sinken. „Du bist es, Xaver,“ stammelte er.

„Ja, Bruder, ich hörte von Deinem Unfall, und meine Pflicht als Geistlicher hätte mich hierhergeführt, wenn mich nicht das Bruderherz zu Dir gezogen hätte.“

„Also Xaver weiß Alles,“ dachte der Verwundete für sich. Er fühlte, daß die Beschämung ihm das Blut in die Wangen trieb; aber er besorgte, sich als ein Schwächling zu zeigen, wenn er die innere Regung verrieth, und er wollte als starker Mann dastehen nicht bloß seinen Spießgesellen gegenüber, sondern vor aller Welt und auch vor dem geistlichen Bruder. Und um vor diesem seine Beschämung zu verbergen, griff er die Erwähnung der Pflicht des Geistlichen aus der Anrede des Bruders heraus und versetzte düster: „Den Pfarrer konntest Du zu Hause lassen; der Bruder aber ist mir willkommen. Wir waren ja in früheren Jahren stets gute Freunde."

„Und weshalb sollten wir es heute nicht mehr sein? Peter, ich hatte Dich schon gestern zu sehen gehofft, aber meine Augen suchten überall vergeblich nach Dir."

„Und dennoch war ich bei Deiner Ankunft zugegen."

„Verzeihe mir, lieber Bruder."

„Ja, ich sah Dich. Freilich stand ich nicht unter den Leuten aus dem Dorfe, die mich nicht lieben."

„O, hättest Du die Kirche besucht, wo alle Neigung und Abneigung dieser Welt in der Liebe und Demüthigung vor Gott und dem Heiland zerschmilzt!"

„Auch in der Kirche war ich und lauschte ergriffen Deiner Worte. Mir däuchte es, man könne dem glauben, was Du sagtest. Ich wollte Dich nach der Messe aufsuchen; es kam jedoch – etwas dazwischen – – Du kennst das nicht, Xaver; aber es giebt Gesichter im Dorfe, die mir das Blut über das Gehirn treiben – –!" Er sprach die letzten Worte mit einer, vor gebändigter Wuth zitternden Stimme, kniff das Tuch, das er noch immer in der Hand hielt, in der Faust zusammen und schleuderte es heftig bei Seite, während er höhnisch auflachte. Xaver schüttelte mißbilligend den Kopf. „Armer Bruder," fuhr er dann milde fort, „welche Verbitterung muß ich an Dir kennen lernen! Hat man Dir Herzeleid angethan, so prüfe Dich, wie viel Du dabei selbst verschuldetest, und vergieb Denen, die Dich verfolgten, wie Du wünschest, daß Dir vergeben werde. Versöhne Dich mit Gott und Du wirst Dich mit der Welt versöhnen. Gehe in den Beichtstuhl, mein Bruder, dort wird sich Dein Gemüth erleichtern und sich der Nächstenliebe öffnen."

„In den Beichtstuhl? Erst lehre mich, Diejenigen achten, die sich berufen glauben, den Richter unseres Gewissens zu spielen. Leugne die Schandthaten hinweg, deren sich so viele Diener der Kirche schuldig machten, leugne die Heuchelei hinweg, mit der sie blöde Seelen täuschen, leugne den Eigendünkel, die Anmaßung, den Hochmuth hinweg, mit dem sie sich über den Nächsten stellen, oder überzeuge mich, daß dies Alles christlich sei, und ich will dies Otterngezücht wie eine Gesellschaft Heiliger verehren; sofern Dir aber die Kunst, oder vielmehr die siegreiche Kraft der Wahrheit fehlt, mich zu überzeugen, so erspare Dir die Mühe, meine Ansichten zu ändern."

„Deine Worte sind Groll, mein Bruder, und nicht die Erwägung der Gerechtigkeit. Der Mißklang eines Gliedes der harmonisch tönenden, den Erdball umschließenden Kette, verleitet Dich zu der Anmaßung, die Du soeben verurtheiltest; Du wirfst Dich zum unberufenen Richter über die auf, deren Aufgaben und Pflichten Dir so fern stehen. Und selbst wenn Dir vergönnt gewesen wäre, in den Organismus der seit fast zweitausend Jahren regulirten Werkstatt der Kirche genaue Einsicht zu gewinnen, so stände Dir Dein Urtheil dennoch nicht gut. Betrachte das geringe Maß von Pflichten, das die Gesellschaft von Deiner bürgerlichen Stellung fordert. Ich glaube, ich darf behaupten, daß die Anforderungen, die an einen Geistlichen gestellt werden, bedeutend höher sind. Und dennoch, ich besorge, Dir fehlt Wille und moralische Kraft, den geringen Anforderungen zu genügen. Ist es so, mein Bruder?"

Peter starrte in Xaver's Gesicht und stotterte: „Wer hat mich denuncirt?"

Ohne auf die Frage einzugehen, fuhr der junge Geistliche mit sanfter Stimme, die den Ausdruck leise klagenden Vorwurfs hatte, fort: „Peter, Du bist ein Wilddieb."

„Was soll es damit?"

„Bekenne, daß ich nicht zu viel sagte?"

„Nun, und wenn ich ein Wilderer wäre?"

„Du weißt, das staatliche Gesetz erklärt den Wildfrevel für ein Verbrechen, und Dir konnte nicht unbekannt bleiben, bis zu welchem moralischen Verfall, bis zu welcher entsetzlichsten That die aufgeregte Leidenschaft des Verwegenen Frevels hinzureißen, so leicht im Stande ist."

„Du betrachtest das frische, grüne Leben aus dem vergitterten Fenster Deiner Klosterzelle mit dem getrübten Blicke geschriebener Formeln. Welchen Werth hat ein Gesetz, das selbstsüchtige Genußsucht zum Dienste einiger hohen Herren erfand und so grausam als möglich ausstattete? Frage nur unsere Bauern, wenn sie, Thränen im Auge, vor ihren, vom unverletzlichen Hochwilde abgeästen oder niedergetretenen Saatfeldern stehen; lasse Dir von diesen Antwort geben, wo sie die Gerechtigkeit in einem Gesetze finden, das das Vergnügen einiger Menschen, denen der Ueberfluß überdies die Mittel zu jeder Art anderer Kurzweil gestattet, über den Schweiß der Arbeit setzt. Der Mann, der Muth genug besitzt und beweist, den peinlichsten Gefahren zu trotzen, um die wahre Gerechtigkeit zum Wohle seiner Mitmenschen auszugleichen, ist nicht verächtlich, und wenn er im Kampfe unterliegt, so bleibt er selbst unter der Schändung, die eine beklagenswerthe Gesetzgebung auf ihn häufen konnte, ein Held."

Xaver senkte sein bleiches Gesicht und stand einige Augenblicke sinnend über die ungebundenen Anschauungen der Philosophie des wilden Bruders. Dann erhob er sein sanftes, vom Glanze reiner Menschenliebe beseeltes Auge und er versetzte: „Ich will nicht mit Dir streiten und Dir nur anheimgeben, an Deine alte Mutter zu denken. Steht sie Dir nicht näher, als der einzelne, durch Wildschaden in seiner Arbeit und seinem Vermögen um ein Weniges gekümmerte Landwirth? Deine Mutter streute auch eine Saat aus und hegte und pflegte dieselbe unablässig und viele, viele Jahre, weder Sorge noch Arbeit scheuend, und nun, wo sie den Preis ihrer Mühen, ihrer Hoffnungen ernten sollte, da wirft sich ein giftiger Wurm in die Saaten, um sie zu zerstören. Die gehegte Saat sind unserer Mutter Kinder. Der Wurm, der sie am Tage der Reife zernagt, ist das Gewerbe, dem Du Dich hingiebst, dessen Du Dich rühmst, und in welchem die Mutter die bürgerliche Schande sieht. Der Mutter sehnlichster Wunsch, mich hier im Orte als Seelsorger zu sehen, ist ihr erfüllt, und ich bekenne Dir, daß der einzige, irdische Wunsch, der mich schwach findet, der ist, daß ich der guten Alten den Abend ihres Lebens zu erheitern vermag; aber meine Stellung als Priester erscheint mir unmöglich, seitdem ich weiß, daß sich zu jeder Stunde der Riegel des Zuchthausthores hinter meinem einzigen Bruder zuschieben kann. Ich fühle mich außer Stande, das Priesteramt zu verwalten, wenn ich mich von der öffentlichen Meinung gebrandmarkt weiß. Es steht nicht in meiner Macht, der Mutter dies Leid zu ersparen. Der Bruder eines Wilddiebes kann kein Seelenhirt einer Gemeinde sein."

Peter starrte auf den Erdboden, seine nervige Faust fuhr in das buschige Haar, als ringe er nach einer Antwort. Endlich warf er seinen Kopf zurück und erwiderte: „Du hast Recht, Bruder, das schickt sich nie und nimmer. Beruhige Dich jedoch, ich werde Dir Platz machen, oder auch solide werden, so solide wie ein Wachholderstrauch, der seinen Fuß in den dürrsten Boden setzt, still das nüchternste Dasein fristet und seine Frucht ohne Murren der Welt schenkt. Ich kenne Jemand im Orte, der mich fromm wie ein Lamm machen, der mich vielleicht in die Beichte locken könnte – Du bist es nicht, Xaver, trotz Deines reinen, geistlichen Gewandes – und siehe, ich werde verschmäht, und das macht mich ungestüm; die Anderen spotten über mein Leid, das macht mich finster. – Gönne mir nur noch einige Tage Zeit, und Deine Stellung soll Dir gesichert sein. Lebe wohl einstweilen; vielleicht für immer."

Er reichte Xaver die Hand, um sie herzlich zu schütteln. Dieser versuchte den Bruder zurückzuhalten. Umsonst! Der wilde Peter stürmte zur Hütte hinaus. Tief aufseufzend, schlug Xaver eine kurze Weile später den Weg nach dem Dorfe ein.

IV

Es war einige Tage später. Die Sonne hatte ihr Tagewerk vollendet und sich zur Ruhe gelegt. Das nächtliche Dunkel war über dem Gelände ausgebreitet.

Das Dorf Weinheim lag, wie ein schlummerndes Kind in der Wiege, zwischen den Bergen, eingelullt von dem fernen, träumerischen Rauschen des Stromes, auf dessen Wellen das Mondlicht dahintanzte.

Hinter den letzten Baustellen des Dorfes schlich vorsichtig ein Mann von athletischem Wuchse, neben ihm trippelte eine weibliche Gestalt.

„Du weißt gewiß, Martha, daß er kommen wird?" raunte der Mann.

„Wie sollt' er nicht kommen. Hab' ich ihm doch versprochen, im Gartenhaus zu sein. Mich pflegt Niemand warten zu lassen," erwiderte Martha mit frechem Dünkel.

„Ja, wahrhaftig! Du kannst es Einem anthun, Du kleiner, reizender Satan!" versetzte der Begleiter und warf einen Seitenblick auf die leichtfertige Dirne, um sich der Aufnahme der Schmeichelei zu versichern. Dann fügte er hinzu: „Halte ihn nur ordentlich fest."

„Ich denke," meinte Martha wegwerfend, „es wird ihm nicht verlangen, gehen zu wollen, bevor ich ihn fortschicke. Ich werde ihn mit einem ganzen Schock Tugendbedenken martern, daß er vor Raserei vergehen soll. Zu meinen Füßen wird er betteln. Er muß mir dafür büßen, daß er mich nicht mehr kennen wollte seitdem man ihm die Regina angeschmuggelt hat."

„Du schnappst ihn der Regina am Ende noch vor dem Munde weg."

„Das könnte Dir passen! Nein, Peter; der Johannes ist mir nur noch für meine Rache gut genug."

„Wie hast Du es nur angefangen, daß er auf den Köder biß und auf das Stelldichein einging?"

„Ich hab' ihm 'mal einen Ring abgenommen und dem Herrn Bräutigam Hoffnung gemacht, er könne sich heut Abend das verfängliche Pfand einlösen."

„Und wenn es nun dem Johannes einfiele, Dir den Ring mit Gewalt zu entreißen?"

„Habe ich denn das Ding noch? Hab' ich es nicht an einen Hausirer verkauft, als der „Brummer" an seiner Schußwunde so schwer darniederlag?"

„Und meinst Du, der Johannes werde zärtlich sein, wenn er sich angeführt sieht?"

„Das ist eben meine Sache. Du für Deine Person plagst Dich mit demjenigen, was Du nicht besitzt; er dagegen nascht von Allem, was er erhascht. Darin liegt der Unterschied zwischen Euch Beiden."

„Du bist eine pfiffige Krabbe. Auf Dich kann man sich verlassen."

„Und das carrirte Tuch mit den breiten Fransen?"

„Wirst es haben, wie ich es versprochen."

„Aber kein halbes! verstehst Du? Vier Zipfel muß es haben."

„Vier Zipfel und damit Basta! Morgen finden wir uns in der Waldschänke wieder, und wenn Du heut Abend die Sache geschickt ausführst, sollst Du mit mir wohl zufrieden sein."

Martha drehte sich auf den Hacken im halben Kreis, warf den Kopf herausfordernd zurück und, ein Liedchen trällernd, glitt sie längs der Gärten dahin.

Peter schaute der Davoneilenden beobachtend nach, als wolle er sich vergewissern, ob sie den Pfad nach der verabredeten Stelle einschlage. Alsdann brummte er für sich: „Wenn er auf die Leimruthe geht, so ist er Regina los, und kein Rosenkranz und kein Papst kann ihm dagegen helfen."

Langsam und vorsichtig wie ein Dieb schlich Peter hinter den Gärten weiter, öffnete endlich mit kundiger Hand die Hinterthür eines derselben und trat geräuschlos hinein.

Im Dorfe auf den Straßen herrschte auch noch Leben. Auf den Bänken vor den Häusern saßen die Nachbarn zusammen, um politische Weisheit auszutauschen. Die jungen Burschen hielten sich in heiteren Trupps an einzelnen Thorwegen und ergötzten sich an den Erzählungen ihrer Liebesabenteuer. Die jungen Mädchen, an den Staketen der Vorgärten aufgepflanzt, hielten Conferenz über den neuesten Kleiderputz, und die Eine und Andere machte einen langen Hals, um nach den Burschen hinüberzulugen, wenn es dort besonders lebhaft zuging. Auch vor dem Hause der Frau Elsbeth saß Jung und Alt und verplauderte die Zeit zwischen dem Abendbrod und dem Schlafengehen. Es gab dieser Tage viel Stoff zum Sprechen, einmal der Segen der Ernte, die morgen vollendet war, sodann die Doppelhochzeit, die gleich hinterher ausgerichtet werden sollte.

Mutter Elsbeth nahm an Allem den regsten Antheil; als aber von dem Fenster des Studirstübchens im Pfarrhause der Schimmer der Lampe herübergrüßte, flogen die Gedanken der Alten an die Seite ihres Sohnes, des trefflichen Pfarrers, und sie überhörte die Fragen, die die Freunde an sie richteten.

„Mutterchen, Mutterchen," kritisirte da der alte Walter in komischem Verdruß, „es ist, meiner Six! gut, daß Eure Beine Euren Augen nicht nachlaufen dürfen; der arme Pfarrer blieb keine Secunde allein."

„Nun, Ihr braucht mir es nicht so übel zu nehmen; ich habe seine Nähe so lange entbehren müssen, und Eltern freuen sich eines wohlgerathenen Kindes."

„Ihr habt Recht; Euer Sohn ist ein lieber, prächtiger Herr. Seine Worte glühen in unser Herz wie die Sonnenstrahlen in die Trauben, und es giebt wohl Niemand im Dorfe, dessen Gemüth nicht ein Lesefest feiert."

Frau Elsbeth, die bedächtig den Kopf hin und her wiegte, erwiderte mit froher Genugthuung: „Ja, ja, Ihr drückt das ganz schön aus, und wenn ich auch seine Mutter bin, muß ich's doch gestehen, daß schon seit der kurzen Zeit seines Hierseins das ganze Dorf mehr in Segen gekommen zu sein scheint. Was hat er schon Alles gethan! Die Schneiderschen Eheleute vertragen sich wieder und leben glücklich. Meister Kilian hat sich mit dem alten Otto ausgesöhnt, und der verzweifelte Prozeß ist niedergeschlagen. Der harte Siegbert hat sein gefallenes Kind am häuslichen Herd wieder aufgenommen; für die arme Taglöhnerwittwe ist gesorgt – genug, wo Xaver sich hinwandte, da hat die Liebe gesiegt, und das fühlt ein Mutterherz am tiefsten."

„Nur bei dem Peter hat sein Wort nicht angeschlagen," fiel Liesel unzeitig ein.

„Gott sei dem umgestümen Menschen gnädig!" seufzte die Mutter.

„Er hat sich doch nicht wieder sehen lassen," sagte Franz, „seit ihn der Herr Pfarrer oben in unserem Winzerhause ermahnt hatte."

„Seit vollen sechs Wochen! o, wie mich das ängstigt; er bleibt doch immer mein Bruder!" klagte Liesel.

„Mit der großen Wunde so in die weite Welt zu laufen!" fügte Regina mitleidig hinzu. „Wer weiß, wo er hilflos darniederliegt."

„Sorge Dich deshalb nicht, Reginchen," tröstete Johannes. „Der Peter ist ein Mordskerl, und solche Schramme thut ihm nicht mehr, als uns ein Wespenstich. Ueberdem hat der Bursche das Zeug dazu, sich überall durch die Welt zu schlagen."

„Das stimmt vollkommen," fiel Walter ein; „um sein körperliches Wohl ist mir durchaus nicht bange; aber – aber, wie es mit seiner Seele stehen mag, darüber bin ich mir nicht so klar."

„Ja, seine Seele!" jammerte Frau Elsbeth. „Xaver auch ängstigt sich nicht wenig um ihn und quält sich nicht wenig mit Vorwürfen, daß er den Bruder nicht mit Gewalt zurückgehalten hat. Ueberall hat er Auftrag gegeben, nach Peter zu forschen, damit es möglich werde, ihm den verstockten Sinn zu erweichen."

„In diesem Fall ist der Herr Pfarrer auch allzugewissenhaft," rief Walter. „Peter wird draußen nicht schlimmer werden, als er es hier schon war, und ob ihn der Herr Pfarrer gebessert hätte, ist eine Frage, die ich nicht bejahen mag. Das bittere Schicksal muß den heillosen Burschen ordentlich in die Kur nehmen, soll sein Gemüth sich einer Wandlung öffnen, und böse Tage ereilen ihn draußen eher, als hier. Ich wünsche dem Peter alles Gute, Frau Elsbeth; aber laßt ihn in Gottes Namen fort von hier. Für unsern gemeinsamen Frieden ist es das Beste."

Ein schlecht verborgener Wortwechsel zwischen Regina und Johannes störte den weiteren Austausch der Betrachtungen über dieses Capitel. „Was habt Ihr Beide miteinander?" fragte Walter.

„Johannes will schon fort," antwortete die Tochter mißlaunig, „und ich mag es nicht leiden."

„Hab' vor dem Schlafengehen noch einen nothwendigen Gang, Vater Walter," sagte Johannes, „und da denk' ich, daß Reginchen nachgeben muß."

„Seid Ihr doch Grasaffen," lachte der Alte; „scheere Dich zum Kukuk, Du Springinsfeld, und Reginchen giebt ihm zur Strafe keinen

Gutnachtkuß." Regina blickte dem Davoneilenden schmollend nach.

Franz und Liesel kicherten, und Vater Walter fuhr fort: „Es ist ein wahres Glück, daß die Geschichte endlich ein Ende nimmt. Morgen haben wir den letzten Lesetag mit dem Winzerfest, und dann schnell mit Euch in den Ehestand. Mit Brautleuten ist kein Auskommen; nicht wahr, Mutter Elsbeth?"

Das in Aussicht stehende Doppelfest bildete von Neuem den Gegenstand der Unterhaltung, und man schwatzte von allen möglichen, eigentlich sehr gleichgiltigen, für die Betheiligten aber äußerst interessanten Dingen, bis der Stundenruf des Wächters daran mahnte, daß es Zeit sei, das Bett zu suchen.

Mit herzlichem Gruß trennte sich die kleine Gesellschaft. Vater Walter, der, wie auf feste Stunden der Arbeit auch auf die des Schlafes hielt, beeilte sich, seinen Körper in Station Federhausen zu etabliren. Auch Franz stieg sofort in seine Kammer hinauf.

Mutter Walter schlief schon längst. Sie plagte sich in der Wirthschaft den Tag über ehrlich ab und pflegte, mit dem letzten Bissen des Abendbrodes im Munde, ihr Nachtlager aufzusuchen. Die gute Frau hatte für nichts anderes Interesse, als für die exacte Besorgung des inneren Hauswesens. Wie ein Uhrwerk, das sein Gehäuse nie verläßt und für jede Minute seine bestimmte Thätigkeit hat, so sah man auch Mutter Walter fast nie außerhalb ihres Gehöftes, während im Innern durch sie Alles seinen regelrechten, taktgemäßen Gang vollführte.

Regina begab sich nicht allsogleich zur Ruhe, untersuchte vielmehr, einer guten Gewohnheit gemäß, die Küche und die Ställe und eilte auch in den Garten, um den Verschluß der Hinterthür zu prüfen. Gedankenvoll ging sie langsam den schmalen Weg zwischen den Gemüsebeeten, die mit Stachel- und Johannisbeersträuchern eingefaßt waren, entlang. Der Abend war hell und milde. Kein Lüftchen regte sich. Der volle Mond warf sein Licht träumerisch über den Garten und zeichnete mit den Schatten der fruchtschweren Obstbäume und Büsche phantastische Bilder. Regina's Auge war heut für dergleichen Beobachtungen nicht empfänglich; ihre Seele beschäftigte sich mit etwas Anderem. Wohin konnte Johannes gegangen sein? Weshalb hatte er ihr nicht gestanden, welches wichtige

Geschäft seine Anwesenheit in so später Stunde benöthige? Ein Bräutigam, der seine Braut in wenigen Tagen als Gattin heimführen wollte, durfte, nach des jungen Mädchens Auffassungen, keine Geheimnisse mehr vor der Verlobten haben. Wodurch aber Regina am meisten beunruhigt wurde, war die Aufregung, die sie am Abend bei Johannes bemerkt zu haben glaubte.

In diesen Grübeleien vertieft, hatte sie das Ende des Gartens erreicht und war im Begriff, die Klinke zu untersuchen, als sie Schritte hinter sich vernahm.

Sie fuhr erschrocken zusammen, und ihr nächster Gedanke war, daß sich Johannes herbeigeschlichen habe, um sich Verzeihung zu holen und der Braut gute Nacht zu sagen. Aber als das Mädchen ihren Kopf wandte und dicht neben sich eine große, breitschultrige Gestalt gewahrte, rief sie mit dem Ausdrucke des Entsetzens: „Peter!"

„Der bin ich."

„Du kommst ungerufen."

„Das habe ich mit dem Unglück gemein."

„Jedermann glaubt, Du seist weit fort in die fremde Welt, und Dein Bruder, der Herr Pfarrer, läßt aller Orten nach Dir forschen."

„Ach, mein guter Xaver weiß noch nicht, daß man den wilden Peter nur dann findet, wenn er sich finden lassen will."

„Erzähle mir das morgen und vertritt mir den Weg nicht."

„Gönne mir nur so viel Zeit, daß ich Abschied von Dir nehme."

„Dazu brauchtest Du mich nicht aufzulauern wie ein Räuber sein Opfer."

„Und doch, Regina. Ich schäme mich, wenn sich die Augen Anderer in mein Unglück stehlen; ich schäme mich selbst, wenn das große Auge der Sonne in meinen Gesichtsmuskeln das trübe Bild meines tiefen Kummers verrathen hilft. Die Nacht ist freundlicher; in ihr kann ein Mannesauge weinen, und Nichts macht Anderen die Schwäche offenbar. Und ich darf Dir jetzt am Vorabend Deiner – Verheirathung ein Lebewohl sagen, ohne daß Du aus meinen Mienen liest, welcher Schmerz meine Seele durchreißt, und wie tiefes Mitleiden ich für Dich, Unglückliche, empfinde, Dich sobald durch ein Sakrament für Dein ganzes Leben an einen Elenden geschmiedet zu wissen."

„Wen nennst Du einen Elenden?"

„Deinen Bräutigam."

„Ich verachte Deine Schmähungen!"

„Auch dann noch, wenn ich meine Worte durch Beweise begründe?"

„Peter, Peter! ich vermuthete nie, daß Du Dich bis zum erbärmlichen Verleumder erniedrigen würdest."

Der leidenschaftliche Mann zuckte zusammen. Er sann; er stand wie am Spieltisch, wo das Rouge und Noir erklingen; er sann nicht lange und setzte sein Alles auf das Noir."

„Ich könnte mich an Deinen Worten rächen durch eine lange Rache," fuhr jetzt Peter heuchlerisch fort, „daß ich Dich dem bittern Schicksal, das Dich erwartet, ungewarnt Preis gebe; aber ich liebe Dich zu sehr, und weil Du mich durch ungerechte Verdächtigungen herausforderst, so sollst Du Dir mit eigenen Augen die Ueberzeugung darüber verschaffen, wer es wirklich ehrlich mit Dir stets gemeint. – Sofern Du gemerkt hast, daß Johannes heut Abend die Zeit nicht erwarten konnte, sich von seiner süßen Braut zu trennen, so folge mir, ich werde Dir zeigen, welche wichtige Angelegenheiten den zärtlichen Bräutigam von Dir treiben. Fürchte nichts von mir; aber folge mir, wenn Deine Zukunft Dir lieb ist."

Regina stand unentschlossen da. Sie hatte einen schweren Kampf zu bestehen. Die Zweifel, die sie den Abend gequält, sollten entschieden werden durch Enthüllungen, die schrecklich sein mußten; denn ohne gegründete Ursache konnte Peter mit so vieler Sicherheit nicht auftreten. Mit hochklopfendem Herzen sagte Regina leise: „Ich folge."

Peter ergriff ihre Hand und zog das Mädchen mit sich fort, während er hastig längs der Gärten dahinschlich. Er sprach kein Wort, und Regina verharrte in ängstlichem Schweigen. Die dunklen Schatten der beiden Gestalten schlüpften gespenstisch nebenher.

An einer Gartenmauer, der ein kleines Gartenhäuschen eingefügt war, blieb Peter stehen. Regina bebte, sie stand an dem Grundstück von Johannes' Eltern. Peter flüsterte: „Jetzt still!"

Vorsichtig lauschte er durch das eine der Fenster, das der Schatten einer hohen Buche bedeckte, während durch das andere der helle Mondenstrahl in das Innere des Häuschens sprühte. Er sah auf einer Ruhebank die leichtfertige Martha und zu ihren Füßen in flehender Stellung Johannes. Peter nickte befriedigt. Er gab seiner Begleiterin ein Zeichen, vorsichtig näher zu treten. Schwankenden Schrittes nahte das arme Kind. „Keinen Laut!" flüsterte Peter. „Dein Bräutigam liebt keine Störung in seinen wichtigen Geschäften." Regina hob sich auf den Zehen, um einen Blick in das verhängnißvolle Haus zu werfen. Sie wankte – sie brach zusammen. Mit Mühe verhinderte der geschäftige Peter ein Aufschreien der Unglücklichen, die sich, in den Armen ihres Versuchers fühlend, plötzlich wieder emporrichtete und einen schmerzlichen, durchbohrenden Blick auf denselben werfend, in fast rasendem Lauf den Weg nach dem väterlichen Garten nahm. Peter folgte.

An der Gartenthür gebot die Erschöpfung dem armen Mädchen Halt.

„Hast Du sie erkannt?" fragte Peter.

„Entsetzlich!" jammerte Regina und sie verzerrte ihre Lippen zu einem unheimlichen Lächeln.

„Regina," sprach Peter wieder, „Du hast mich gezwungen, Dir Dein späteres Elend zu zeigen. Doch Dir bleibt noch Zeit zur Umkehr. Weise den Meineidigen von Dir zurück, der die Treue in dem Augenblicke bricht, da er dieselbe Dir schwört. Lerne wahre, hingebende Liebe zu schätzen. Regina, Du kannst mich sanft, ordentlich, fromm machen, sprich, daß Du versuchen wirst, mir Gegenliebe entgegenzutragen, sprich, daß Du die Meine werden willst, Regina –!"

„Die Deine?" kreischte das Mädchen auf. „Lieber dem Teufel als Dir angehören; denn Du bist schlimmer als der Böse!"

Mit einem Sprunge war Regina in dem Garten; sie schleuderte die Thür hinter sich zu und schob blitzschnell den Riegel vor.

Von draußen erklang ein wildes Lachen.

V

Das Blut des leichtlebigen Weinbauern wallt schneller und feuriger durch die Adern, wenn, wie in diesem Jahre, die Lese eine außerordentliche Ausbeute verspricht. Ueberhaupt dürfte man im ganzen deutschen Vaterlande nirgends ein mehr von Heiterkeit belebtes Völkchen finden, als in dem herrlichen Weinlande, das der schönste, deutsche Strom durchrauscht.

In diesem Jahre quoll, wie gesagt, der Ernte Segen über. Die erfüllten Hoffnungen wurden zu lauter Jubel.

Heute gedachte man, in Walter's Bergen die Lese zu vollenden, und es war verabredet, alsdann an dessen Winzerhause, weil dort sich der geeignetste Platz dazu vorfand, das lustige Winzerfest gemeinschaftlich zu feiern.

Bei dergleichen Festen pflegt es übermüthig, ja ausgelassen herzugehen. Es wird musicirt, getanzt, gezecht bis zum andern Morgen, und während die Alten sich bei vorgerückter Nachtstunde nach und nach in's Dorf hinunter geschlichen haben, zieht die jubelnde Jugend am neuerwachten Tage, Kränze von Weinlaub an hohen Stangen tragend und selbstbekränzt, unter dem Schalle froher Lieder von den Bergen herab. Im Dorfe wird der bunten Schaar ein solenner Empfang bereitet, und das tolle Treiben beginnt an den Humpen der Weinbauern von Neuem.

Die Weinheimer spitzten sich in diesem Jahre auf das Winzerfest mit doppelten Erwartungen; denn einerseits versprach der Brauch der reichen Ernte wegen einen besonders ausgestatteten Jubeltag; dann aber stand noch eine ganze Reihe festlicher Tage wegen der Doppelhochzeit in Aussicht. Die wohlhabendsten Weinbauern vermählten ihre Kinder, und dabei mußte es nach hergebrachter Sitte ebenfalls hoch hergehen.

Zeitiger noch als gewöhnlich brachen an dem heutigen Morgen die Winzer nach den Walterschen Weinbergen auf, um ein Stündchen früher mit der Lese fertig zu werden; denn sobald der letzte Korb Trauben in die Kelter gewandert war, begann der Jubel, der schon vorher manchen verwegenen Durchbruch versuchte.

Regina war zu Hause geblieben, da sie der Mutter in der Wirthschaft beistehen mußte. Es war eben keine Kleinigkeit, all die Speisen bereit zu halten, die bei dem Feste nicht fehlen durften.

Das junge Mädchen machte an diesem Tage keineswegs den Eindruck einer glücklichen Braut, oder einer fröhlichen Winzerin. Sie sah vielmehr sehr übernächtig aus. Die Augen waren vom Weinen geröthet, und um ihren Mund lagerte ein herber, trotzig entschlossener Zug, der mit dem strengen Ernste ihres Blickes übereinstimmte. Welche Veränderung hatte sich in diesem sonst so heiteren, harmlosen Kinde seit gestern Abend vollzogen! Die Mägde schauten die junge Herrin verwundert an, wagten aber keine Frage. Die Mutter, eine vollständige Wirthschaftsmaschine und gar heute von besonderer Thätigkeit beansprucht, hatte des Aussehens der Tochter nicht Acht. Die gute Frau pflegte sich um nichts weniger, als um Physiognomik zu kümmern. Die übrigen Hausgenossen weilten in den Bergen, und Regina blieb unbefragt und unbehelligt und konnte in ungestörter Eigenartigkeit ihre Aufträge verrichten.

Endlich kam der Nachmittag. Das verspätete Mittagsessen war eingenommen, und die Mägde beeilten sich, sich zum Tanze zu schmücken.

Auch die Bäuerin ging an die Toilette, ein Geschäft, mit dem sie nicht zu Ende kommen konnte. Als sie durch das Fenster hindurch die mit bunten Bändern, den Geschenken der Herzallerliebsten, überladenen Mädchen sah, die ungeduldig hin- und hertrippelten, rief sie gutmüthig hinaus: „Kinder, wenn Ihr fertig seid, so geht nur immer voraus. Vergeßt die Körbe nicht, die in der Küche stehen und tragt hübsch vorsichtig, damit die Sauce nicht verschüttet wird."

Bei diesem Auftrage war es unnöthig, Eile zu empfehlen. Scherzend und lachend flogen die flinken Mägde in die Küche, und wenige Minuten später stiegen sie, wie schwer auch ihre Bürde erschien, mit Sturmschritt den Bergpfad hinauf.

Inzwischen ertönte auch das Signal der beendigten Lese, ein Böllerschuß, von den Höhen. Alsbald erkrachte Schuß auf Schuß und wiederhallte in den Bergen.

Frau Walter beendigte jetzt mit zitternder Hand und fast gewaltsam ihren Putz und rief nach Regina. Die Tochter erschien. Ihr Aussehen war so ernst und streng als vorhin, doch hatte auch sie sich festlich geschmückt.

„Geschwind! geschwind!" eiferte die Mutter. „Wo Du nur steckst? Die Gelegenheit geht ja schon los. Gott, wie das schießt! Piff! Paff! man hört sein eigen Wort nicht. Da wird wieder ein heillos Pulver verschwendet. Wenn sie jetzt so viel spectakeln, dann behalten sie am Ende nichts mehr für Deine Hochzeit übrig, und wenn Walters Hochzeit herrichten, soll's doch hoch hergehen."

„Wer weiß!" warf Regina kurz und scharf ein. Auch diese Aeußerung fiel der Mutter nicht auf. Sie drängte zum Aufbruch. Vorerst ging es noch zu Frau Elsbeth hinüber, die man abholen wollte. Diese saß in ihrer Weinlaube beim Strickstrumpf, und als die Nachbarinnen vor sie hintraten, grüßte sie mit freudigem Erstaunen.

„Das nenne ich Staat machen!" rief sie aus. „Reginchen, wie schmuck Du aussiehst! So schickt es sich für eine Braut; aber mir deucht, Du bist verdrießlich. Ei, ei, so trübe Wölkchen dürfen noch keinen Platz haben auf Deiner Stirn."

Das junge Mädchen zwang sich zu einem Lächeln und antwortete: „Euer Auge trügt Euch, Mutter Elsbeth. Ich bin nicht anders wie immer. Doch streiten wir nicht und kommt, wir wollen Euch mitnehmen. Ihr sitzt noch so ruhig da, als verständet Ihr nicht, was es heißt, wenn sie draußen Pulver aufgehen lassen."

„Verstehe es wohl, mein Töchterchen; mag jedoch noch nicht darauf hören."

„Wie, Elsbeth," fragte Frau Walter, „Du willst zu Hause bleiben?"

„Das gerade nicht; aber ich folge später. Xaver arbeitet jetzt noch, und ich habe versprochen, auf ihn zu warten."

„Also besucht auch der Herr Pfarrer unser Fest?" rief Regina.

„Ei freilich, mein Kind," versetzte Elsbeth; „er meinte, er dürfe sich diese Erholung nicht entgehen lassen. Lieber Gott, wie lange ist es her, daß er zum letzten Male als Knabe draußen war und mitjubelte, sang und tanzte, ehe er in das Collegium kam! Heute ist es freilich anders geworden . . . . Lauft nur immer voraus und sagt der Liesel, daß ich mit dem Bruder später komme."

Wieder krachte ein wahres Pelotonfeuer von den Höhen, und Mutter Elsbeth mahnte die Nachbarinnen, nicht mehr zu verziehen.

Mutter und Tochter machten sich denn auch alsogleich auf den Weg. Schweigend stiegen sie den Bergpfad hinauf. Das Knallen der Gewehre, dem sie sich immer mehr näherten, schien gar nicht abbrechen zu wollen. Musik und lautes Gejubel tönte ihnen schon von Weitem entgegen. Das Winzerhaus ragte als Mittelpunkt der Festlichkeit stolz hervor. Es war mit Kränzen, bunten Bändern und Fahnen geschmückt. Die Winzer und Winzerinnen in ihren Sonntagskleidern huschten schäkernd und lachend durch einander oder schwebten als tanzende Pärchen im Kreise dahin.

Als man von oben die Ankömmlinge gewahrte, steigerte sich der Tumult. Die jungen Burschen eilten den Nahenden entgegen, und die Musikanten stimmten die lustigsten Lieder an.

Franz und Johannes betrachteten es als eine Pflicht, heut unter den Uebermüthigen die Uebermüthigsten zu spielen. An der Spitze der jungen Leute flogen sie den Frauen entgegen. Regina warf einen flüchtigen Blick auf ihres Bräutigams Gesicht, und sie glaubte, trotz des Burschen Aufregung, eine ungewöhnliche Blässe zu entdecken. Sie ergriff mit heiterem Tone ihres Bruders Arm und rief: „Du sollst mich führen, Franz, da die Liesel Deiner jetzt nicht bedarf. Sie ist schon auf der Höhe, und wir müssen den Gipfel erst erklimmen." Sie beachtete dabei den Johannes nicht weiter, der überdies kein Arg darin fand und seine ermüdete Schwiegermutter unterstützte, die vom Bergsteigen den Athem verloren hatte, so flink und unermüdlich sie auch sonst in der Wirtschaft war.

„Ihr treibt es ja," sagte Mutter Walter in abgebrochenen Sätzen, „daß man bange werden könnte, der alte Berg hält's nicht aus."

„Haben wir doch lange kein solches Erntejahr gehabt," erwiderte Johannes, „und kein Christenkind soll fürder daran zweifeln, daß die Weinheimer die tollsten Bursche im ganzen Gaue sind. Halloh! Franz, sperre all Deinem Uebermuth Thor und Thür auf; über's Jahr müssen wir ja so vernünftig sein wie ein Sattelpferd im Pfluge!"

Johannes' Scherz begleitete das Lachen und die Anknüpfung ähnlicher Späße Seitens der übrigen Bursche, und wie im tollen Faschingszuge langte man oben beim Winzerhäuschen an. Ein freudiger Zuruf bewillkommte die neuen Gäste. Der alte Walter fühlte sich in der behaglichsten Stimmung. Ueberall geschäftig, den würzigen Labetrunk zu reichen, ergötzten ihn Diejenigen am meisten, die zum Jubeln und Trinken über eine gute Kehle verfügten. Als seine Ehegenossin oben angelangt war, trat er würdevollen Schrittes mit frischem Kruge, aus dem das würzige Bouquet des edlen Trankes duftete, auf sie zu und sprach: „Prosit, Mutter, Gott gesegne es Dir!" Frau Walter that gehörig Bescheid. Wo wäre auch ein Weib im Weinlande, das den versagte! Sie reichte sodann Regina den Krug, die der Liesel zutrank. Letztere war soeben herzugetreten, um nach ihrer Mutter zu fragen.

„Deine Mutter kommt später," tröstete Regina freundlich; „sie kommt mit dem Herrn Pfarrer zusammen, sobald er mit seinem Studiren fertig ist."

„Wie? auch mein Bruder will beim Feste nicht fehlen?" rief Liesel erfreut. „Hast Du es gehört, Franz? er wird unser Vergnügen theilen." Sie schmiegte sich herzlich an den geliebten Jüngling, dem die Fülle des Glücks aus den ehrlichen Augen strahlte. Johannes machte inzwischen vergebliche Versuche, sich seiner Braut zu bemächtigen, die heut in merkwürdig zerstreuter Weise jede Aufmerksamkeit für den Verlobten verloren hatte.

„Der Herr Pfarrer soll leben!" rief der alte Walter, „weil er auch ein Herz für die Freuden seiner Pfarrkinder hat! Und nun 'mal los, Leute, lustig! immer lustig! Ihr Herren Blechpfeifer, einen forschen Rheinländer, der Mark und Saft hat! – Komm, Mutter, schlenkern auch wir unsere alten Knochen; aber hopse mir nicht auf den Zehen herum; denn Dein anständig Gewicht macht Deine Schuhsohlen gefährlich."

Frau Walter lächelte und sagte, schelmisch drohend: „Vater, Vater, wie kommst Du mir vor, und das Fest hat erst begonnen!" Sie lehnte sich alsdann in den rechten Arm des Ehegemahls, und dahin schwenkte er sie im Kreise. Die jungen Leute jauchzten und folgten dem guten Beispiel. Pärchen an Pärchen trat ein in den Reigen, und der schmucke Franz flog mit seinem Liesel dazwischen.

„Nun, Reginchen", bat der hübsche Johannes, während er die dünnen Spitzen seines Bärtchens selbstgefällig drehte, „nun ich dächte, wir hätten nichts Besseres zu thun, als es den Andern nachzumachen."

Das junge Mädchen wandte sich aber ab und versetzte kurz: „Ich hab noch keine Zeit für Dich. Vorläufig muß ich für unsere Gäste

sorgen und – nachher reden wir vielleicht mit einander –"
Johannes stand verdutzt da und haschte umsonst nach einer Antwort. War denn das die sanfte Regina, die sonst um jede Secunde geizte, die sie in seiner Nähe zubringen konnte? Hatte er, der begehrte Sohn des reichen Weinbauern, jemals eine ähnlich schroffe Antwort aus irgend eines Mädchens Mund erfahren? Wollte Regina's Laune ihn heute, an dem Tage, wo die ganze Gemeinde versammelt war, zum öffentlichen Gespötte machen? Trotzig drehte er sich auf seinen Hacken um. „Sie hat mich fortgeschickt!" brummte er für sich; „wohlan, sie mag's fühlen, was das heißt. Wenn ich mich jetzt schon ducken würde, was sollte es werden, wenn sie erst den Ehepantoffel schwingt?" Er schaute sich im Kreise um, nahm das nächste Mädchen, das nicht tanzte, in den Arm und jagte mit ihr im Kreise dahin wie ein Rasender.

Als der Tanz beendet und eine Pause eingetreten war, gesellte sich der alte Walter, der als aufmerksamer Gastgeber seine Augen überall hatte, zu Johannes.

„Nun, Du Leichtfuß," schmälte er, „willst wohl neue Moden einführen? Wo hast Du Reginen?"

„Dort!" erwiderte Johannes verdrießlich; „sie hat mich fortgeschickt. Sie braucht ihre Zeit zu etwas Besserem, als zu einem freundlichen Wort mit ihrem Bräutigam."

„Nun, nun, hat's ein Wetterleuchten gegeben? Das schlägt nicht ein."

„Das merk' ich besser."

„Weshalb habt Ihr Euch denn gezankt?"

„Gezankt? Ich weiß von Nichts."

„Curioses Volk die Weiber! Werde so weise wie Salomo, so gelehrt wie Doctor Faust und so pfiffig wie Till Eulenspiegel, und Du lernst die Frauen nicht auskennen. Ziehe deshalb die Stirne nicht kraus. Komm', gieß' einen herzhaften Trunk über Deinen Kummer und dann lange 'mal die Liesel; der Franz thut ja, als wäre er nur für sie, und sie allein für ihn geschaffen."

Johannes folgte der Einladung des Alten zum Weinkruge; aber er gewann es nicht über sich, Liesel zum Tanze aufzufordern; er schlich sich vielmehr dem Winzerhause zu, um nach Regina zu spähen.

Sein Trotz von vorhin war schnell verflackert. In seinen dunklen Augen, die unsicher umherirrten, las man eine düstere Besorgniß. Drückte ihn wohl das Bewußtsein geheimer Schuld?

Er erblickte seine Braut; sie war ganz allein und ordnete emsig zwischen dem Geschirr mit den Speisevorräthen. Zögernd trat er näher, das äußerliche Wesen des jungen Mädchens mit Bangigkeit prüfend. Vielleicht hatte sie vorher lediglich der Nothwendigkeit nachgegeben, vielleicht nur im übertriebenen Arbeitseifer unfreundliche Worte gesprochen.

Jetzt stand er dicht an Regina's Seite; sie aber schaffte unbeirrt weiter und versetzte ihn dadurch in neue Verlegenheit; denn er mußte sich gestehen, sie bemerke ihn absichtlich nicht.

„Reginchen," hob er endlich mit unsicherer Stimme an, „ich kann nicht froh sein ohne Dich. Man tritt zu einem neuen Tanze an, komm' und tanze nur eine Tour mit mir –"

„Ah, Du bist hier?" sagte das Mädchen gleichgiltig aufblickend, mit eisigkaltem Tone; „wir werden nicht miteinandertanzen, heute nicht und niemals mehr!"

„Wie!" rief er voll Bestürzung, „das sagst Du, die in wenigen Tagen meine Frau werden will?"

„Ich will Deine Frau nicht werden, nie und nimmer!"

„Regina," schrie er auf, „was soll diese Sprache!"

„Dünkt sie Dir nicht deutlich genug?"

„Warum marterst Du mich so grausam? Ich kenne Dich nicht mehr!"

„O, hätte ich Dich nie gekannt, treuloser, ehrvergessener Mann!" Zum ersten Male zitterte etwas wie eine tiefe Bewegung durch ihr Gesicht; es war, als ob die erzwungene Kraft sie verlassen wollte; aber das beleidigte Mädchen kämpfte die Thränen zurück, und sie richtete sich wieder hoch und stolz empor, als Johannes verwirrt hervorstammelte: „Ich denke, Du wirst Deinen Spaß nicht bis auf die Spitze treiben."

„Denke Du lieber," erwiderte sie streng, „an den gestrigen Abend und an Euer Gartenhaus."

„Regina, Du . . . ." preßte er mühsam zwischen den Lippen hervor und prallte, wie vom Blitz geblendet, zurück.

„Dir leuchtet ein," fuhr Regina mit entsetzlicher Ruhe fort, „daß ich

Deine Frau niemals werden will."

„Du darfst mich nicht so schnell verurtheilen –"

„Wir sind fertig miteinander!"

„Höre mich an – ich kann mich rechtfertigen, aber –"

„Kinder, was spektakelt Ihr?" fragte plötzlich der alte Walter, der unbemerkt herzugetreten war.

„Ich habe Dem dort soeben erklärt, daß ich seine Frau nicht werden will," antwortete die Tochter wegwerfend.

„Schönes Wetter! Nun, der Schnee, der mitten in den Sommer fällt, der liegt nicht lange. Aber Mädel, sei vernünftig und störe dem armen Jungen das heutige Fest nicht. Beichte 'mal, was Dich plagt."

„Frage den Elenden dort, wenn Du es nicht von seiner schuldgezeichneten Stirne lesen kannst."

Sie ging mit schnellen Schritten davon.

Vater Walter war starr vor Erstaunen; er fand keine Worte mehr. Er sah bald der zürnenden Tochter nach, bald blickte er fragend auf Johannes, der mit einer Armensündermiene dastand. Endlich stieß der Alte ungeduldig aus: „So rede doch, Johannes!" –

„Feuer! Feuer!" tönte es plötzlich von allen Seiten. „Feuer! es brennt unten im Dorfe!"

Bei diesem entsetzlichen Rufe stoben die Tanzenden auseinander, und alle die soeben noch so frohen Theilnehmer an dem Feste stürzten, ängstlich rufend, den Berg hinunter. In wenigen Minuten war es todtenstill oben auf dem Berge geworden, wo noch vor wenigen Minuten der ausgelassenste Uebermuth erjauchzte, und drunten im Dorfe prasselte eine dichte Rauch- und Flammensäule zu den Wolken empor, die Sturmglocke begann alsbald ihren schaurigen Ruf, und das wirre, ängstliche Schreien von Menschen und Vieh tönte dazwischen.

VI

Zur Entwickelung unserer Geschichte müssen wir auf die Zeit einiger Wochen zurückgreifen. Wir wissen, daß Xaver's Amtsantritt, seine erste, eigentliche Berührung mit dem praktischen Leben, nicht unwesentliche Zweifel über seine Berufsfähigkeit und noch mehr über die Würde der Kirche, der moralischen Führung ihrer Diener gegenüber, erweckte. Vergeblich vertiefte er sich in die Studien der vorzüglichsten Kirchenväter; anstatt Klarheit zu schöpfen, steigerten sich die Zweifel, die an seinem Glauben, an Allem, was ihm bisher als das Heiligste, Unantastbarste erschien, zu rütteln drohten. An die Stelle des ursprünglichen Wortes der christlichen Lehre war die Tradition getreten; die Tradition aber vervielfältigt oder zugestutzt, je nach den Zwecken der gegebenen Zeiten und Verhältnisse, und die Säulen der alleinseligmachenden Kirche ruhten darauf. Der blinde Glaube hatte für den jungen Geistlichen plötzlich aufgehört, und er begrub seine bisherige innere Ruhe. Den Ariadnefaden aus dem Labyrinth, den die geistlichen Schriften nicht darreichten, meinte er endlich im mündlichen Gedankenaustausch mit älteren Amtsbrüdern finden zu müssen.

In dem von Weinheim kaum ein halbes Stündchen entfernten Nachbardorfe lebte einer der Geistlichen, der Xaver in sein Amt eingeführt hatte. Es war eine ehrwürdige Gestalt, Zufriedenheit malte sich auf seinem Gesichte und bildete das beste Aushängeschild für innere Ruhe. Dorthin lenkte Xaver eines Tages seine Schritte. Er fand den Greis zu Haus.

Derselbe begrüßte den jungen Kollegen mit offener Herzlichkeit, führte ihn in der behaglich, fast luxuriös eingerichteten Wohnung herum und präsentirte ihm die Wirthschafterin, eine noch nicht bejahrte, stattliche Dame von körperlicher Fülle, wie der Brodherr. Xaver war über diese Bekanntschaft, sowie über die Behaglichkeit, die über der ganzen Häuslichkeit wehte, einigermaßen betroffen. Es däuchte ihm, sich in der Wohnung eines gutgestellten Beamten, aber nicht in der eines Geistlichen zu befinden, und er fürchtete fast, die Thür sich öffnen und rothwangige Kinder in's Zimmer springen zu sehen.

Er kämpfte mit peinlichen Empfindungen, und es schien ihm, als ob zu den ungelösten Räthseln in seinem Innern nur ein neues kommen sollte. Dennoch beharrte er bei dem Entschluß, sich den Rath und die Ansichten des Nachbars zu erbitten.

Derselbe lud den Gast zur Besichtigung des zierlich angelegten und sorgsam unterhaltenen Gartens ein.

Man ging, und der alte Herr empfand bei seiner Corpulenz an dem warmen Tage bald das Bedürfniß des Ausruhens und führte Xaver in eine, von Gaisblatt traulich umrankte Laube, wo Beide Platz nahmen.

Diese Augenblicke benutzte Xaver, um das Quälende seines Herzens bloßzulegen.

Das Gesicht des Greises drückte während der Auseinandersetzung anfänglich Verwunderung, dann Unbehagen aus und verlängerte sich gewaltig.

„Mit dergleichen undankbaren Dingen plagen Sie sich?" sagte er im Tone des Mitleids und der Ueberlegenheit, nachdem Xaver geendigt hatte.

„Es erscheint mir unendlich wichtig," warf Xaver dringlich ein, „sich in solchen Dingen völlig klar zu werden; die Ruhe der eigenen Seele hängt davon ab."

Der Greis lächelte, lächelte sehr wegwerfend auf den jungen Schwärmer herab.

„Ueber diese Art unnützer Probleme habe ich noch niemals nachgedacht, und werde es auch nicht thun. Selig sind, die da geistig arm sind," versetzte er mit fester Würde. „Ich weiß und thue, was meines Amtes, seit vierzig Jahren mit Gewissenhaftigkeit; was darüber, ist vom Uebel. Gehen Sie in meiner Gemeinde von Haus zu Haus, und Sie werden überall die Spuren meines segensreichen Wirkens finden. Diese Resultate sind mir Schild und Panzer gegen jeden Zweifel, junger Herr Bruder."

„Ja aber, sollte ich denken," bemerkte Xaver sanft, „es gehört zum segensreichen Wirken für den Spender selbst die nöthige Klarheit, um täuschungslose Einsicht und zuversichtliche Kraft zu gewinnen."

„Das höchste Kleinod frommer Christen ist der Glaube. Ringen Sie, mein Freund, einzig nach dem Glauben; in ihm liegt das Heil. Aber mit so überflüssigen Fragen, die weder Sie, noch ich zu entscheiden haben und auch nicht können, beschäftigen Sie sich um des Himmels Willen nicht mehr. Dieselben verwirren, anstatt zu befestigen. Sie gewahren dies bereits an sich selbst. Ihre Zweifel und Sorgen sind die giftigen Früchte des unberufenen, schädlichen Grübelns."

Jedenfalls sehr willkommen für den alten Herrn, der, wie wir wissen, wissenschaftlichen Dissertationen äußerst abhold war, erschien gerade jetzt die Wirthschafterin mit einer Flasche und zwei Gläsern, die sie mit Zierlichkeit vor die beiden Geistlichen hinstellte.

„Lassen wir also das heikle und unverdauliche Thema," setzte der Greis hinzu, „und probiren wir lieber dies edle Gewächs, wie Sie es besser rings umher nicht finden werden."

Xaver hatte sich vor dieser leichtfertigen Oberflächlichkeit eines so bejahrten Mannes entsetzt. Er ward an seinem Beruf, an der ganzen Menschheit irre und sann noch planlos und unerquicklich umher, als sein Gastfreund die geschliffenen Gläser bereits gefüllt und mit dem perlenden, goldenen Rebensaft liebäugelte, wie ein Bräutigam mit seiner Neuverlobten. –

Selbstverständlich fühlte sich Xaver auf seinem baldangetretenen Heimwege niedergebeugter, als zuvor. Er hatte nicht mehr den Muth, bei einem andern Amtsgenossen mit derselben Bitte einzusprechen. Er sah sich mit seinen Zweifeln auf sich selbst angewiesen, und er entschloß sich, den Kampf mit all den Zweifeln selbstständig auszufechten, die Hilfe in den Schriften ehrwürdiger Geister suchend. Er studirte noch eifriger als bisher.

Auch an dem Tage des Winzerfestes hielten ihn seine Bücher noch lange fest. Je mehr er aber forschte, desto dunkler wurde es vor seinen geistigen Augen, und fast auf jeder Blattseite lauerte wie ein Wegelagerer ein neuer Zweifel, der einen Kampf auf Tod und Leben zu verlangen schien. In banger Unruhe saß Xaver über den vergilbten Folianten, die, anstatt ein sprudelnder Quell der Erfrischung für die schmachtende Seele zu werden, sich zum brandenden Meere gestalteten, das auf seinen wilden, undurchsichtigen Wogen den, der sich dahineingewagt, unbarmherzig hin- und herschleuderte und den gewissen Untergang verhieß.

Des jungen Geistlichen Blicke schweiften trostlos über die schwarzen Letterzeichen hinweg zum Fenster hinaus, nach dem Himmeldome empor. Der schaute so klar, so hell, so harmonisch beruhigt, so liebend hernieder. „Und wären es denn nur Träume, die den Glauben lebendig erhalten?" rief Xaver aus. „Unmöglich! Ist Dein Busen, Du heiliger Aether, nicht Verheißung? Quillt nicht aus jedem Deiner Sonnenstäubchen, Du wunderbares Licht, das Alpha und Omega der Offenbarung? Ach, nur in den lebendigen Schriftzügen der Allmacht vermag sich die Seele zu nähren, zu läutern, zu klären und zu edler Schwungkraft zu erheben."

Xaver's Auge, stiller Begeisterung voll, hing lange an der Herrlichkeit, die über ihm das Firmament begrenzte. Leise, aber immer mächtiger schlichen die Gefühle des natürlichen Menschen in seine Brust; er empfand die Heimath; ihm dufteten die Wiesenblumen entgegen, die er einst als frohes Kind zum Strauße pflückte; er hörte das Rauschen des hellen Bergquells, an welchem die Märchen aus der Spinnstube ihm einst so lebendig zu werden pflegten; er sah das Schwalbenpaar, das so geschäftig die enge Wohnung unter der Dachfirste baute, und sein Blick flog hinüber nach dem freundlichen Häuschen drüben, wo in der Rebenlaube das gute Mütterchen saß. Wie zufrieden schien sie zu sein, wie liebevoll schaute sie zuweilen nach dem Pfarrhause herüber, in welchem sie den Sohn wußte. Eben trat Frau Walter mit ihrer Tochter an die Rebenlaube. Die drei Frauen sprachen, und seiner Mutter Blick eilte wieder nach dem Fenster der Studirstube. Regina mit ihrer Mutter gingen weiter, und Xaver hatte verstanden, was drüben verhandelt worden war. Ja, er hatte seiner Mutter versprochen, sie zu dem Feste hin in die Berge zu begleiten, und er zögerte nicht mehr, zu ihr hinüberzueilen. Er fühlte das Bedürfniß, als Mensch unter Menschen glücklich zu sein, und schon dieser Gedanke perlte wie erfrischender Thau auf sein Gemüth.

Er war eben beschäftigt, seinen Anzug zu ordnen, als ein Bote aus dem Nachbardorfe mit der Meldung kam, daß der Herr Pfarrer dort plötzlich sehr ernstlich erkrankt sei und des letzten Trostes bedürfe. Xaver stand erschüttert. So unerwartet ruft oft Gott die Seinigen. Der Sterbende war derselbe Greis, mit dem er vor wenigen Tagen über religiöse Fragen hatte reden wollen, und der statt eines tröstlichen Wortes nur das beste Gewächs des Gaues vorzusetzen gehabt hatte.

Der junge Geistliche schickte sich sofort zu dem dienstlichen Wege an. Er unterrichtete seine Mutter von dem dringlichen Gange und bat, daß sie sich ohne seine Begleitung in die Berge begeben und Theilnehmerin des Winzerfestes sein möge. Frau Elsbeth lehnte dies entschieden ab und versicherte, lieber vorzuziehen, bis zur Rückkehr des Sohnes daheimzubleiben.

Xaver ging. Das Glöckchen, welches die Anwesenheit des Sacramentes ankündigte, hallte leise auf dem Wege dahin, den der junge Geistliche mit seinem Ministranten, Einer hinter dem Anderen, wie zwei Franciskaner gingen.

Mutter Elsbeth faltete die Hände. –

Das Nachbardorf war bald erreicht. Xaver vernahm von der jammernden Wirthschafterin, daß der alte, geistliche Herr nach dem Mittagsessen, das ihm noch vortrefflich geschmeckt, plötzlich von einem Schlagfluß getroffen worden sei „O,“ fügte sie weinend hinzu, „es ist, fürchte ich, die höchste Zeit, daß Sie ankommmen! Die Lebensgeister meines armen Herrn schwinden mit jedem Augenblicke mehr, und der Arzt trifft noch immer nicht ein!“

Xaver glaubte bei seinem Eintreten in das Krankenzimmer die Ueberzeugung der klagenden Frau theilen zu müssen, daß es wirklich hohe Zeit war.

Mit brechendem, theilnahmlosen Auge schien der Greis die Ceremonie der heiligen Handlung, von der ihm in seinem jetzigen Zustande jeder Begriff fehlen mochte, nur zu dulden. Und kaum war er mit den Sterbesacramenten versehen, als mit einem langen Athemzuge die Seele entfloh.

Xaver's nächste Pflicht gehörte jetzt der Tröstung der in lauten Jammer ausbrechenden Wirthschafterin. In ihre Klage um den dahingegangenen Freund mischte sich der Ausdruck der Besorgniß um die eigene Zukunft. Endlich schickte sich Xaver zum Heimwege an. –

Frau Elsbeth harrte während der Zeit allein vor ihrem Häuschen. Sie folgte in ihren Gedanken dem Wege des Sohnes, begleitete ihn über die Schwelle des Sterbehauses und verrichtete den Ministrantendienst bei der geistlichen Ceremonie. Bei der tiefen Stille des menschenleeren Dorfes störte sie Nichts in ihrem Traume.

Da plötzlich vernahm sie ein eigenthümliches Geräusch im Nachbargehöft; das ängstliche Brüllen von Thieren folgte alsbald, und ein seltsamer, branstiger Geruch erschreckte sie. Sie sprang auf und blickte voller Besorgniß hinüber: da wälzte sich eine dicke, dunkle Rauchsäule über des Nachbars Dach.

„Feuer! Feuer!" kreischte Frau Elsbeth auf. Aber ihr Nothruf mußte unbeachtet bleiben, da ja alle Welt auf den Bergen war.

Sie rannte mit bebenden Gliedern nach dem Gehöft hinüber. Die Kühe brüllten unruhiger.

„Das arme Vieh! Das arme Vieh!" schrie Elsbeth und stürzte durch die Hinterthür in den Hof.

Da wurden soeben die scheuen Rinder in den Garten gejagt, während die Flammen, die dicht am Wohnhause, wo die Küche lag, ihren Herd hatten, mit prasselnder Gier über die Dächer der Ställe leckten. Ein einzelner Mann trieb das Vieh –Mutter Elsbeth erkannte ihn.

„Peter!" schrie sie mit markerschütterndem Tone, und sie wankte, – sie mußte an dem Pfortenpfeiler eine Stütze suchen, um nicht zu Boden zu sinken. Peter suchte durch den Garten das Weite.

Keuchend von der Anstrengung des Laufes und vor dem Entsetzen der soeben gemachten, fürchterlichen Entdeckung, lehnte die arme Frau an der Mauer. Sie starrte in die hochlodernden Flammen, die der Welt und dem Himmel ein schweres Verbrechen anzeigten, und der Verbrecher war ihr eigener Sohn! – Mit all ihrem Herzblute vermochte sie die Feuersbrunst nicht auszulöschen; wäre es möglich gewesen, sie hätte sich keinen Augenblick besonnen, es zu thun. Unvertilgbar blieb die Brandmarkung der Schande ihres Sohnes, ihrer ganzen Familie. Warum hatte es der Allmächtige beschlossen, eine alte Frau so schwer heimzusuchen? Das Bewußtsein des herben Elends benahm ihr die Herrschaft über sich selbst, und ein leises, unendlich erschütterndes Wimmern entglitt ihren Lippen. Das arme, geprüfte Weib wurde alsbald durch die stets wachsende Glut der Flammen von dem Gehöfte getrieben.

Inzwischen langten auch die Ortsbewohner von den Bergen an der Unglücksstätte an. Leider waren bereits die gesammten Gebäude von den verheerenden Flammen umringt, und es stellte sich als unmöglich heraus, viel an Rettung zu denken. Zur Vervollständigung des Unglücks wurden die Flammen der Kirche zugetrieben, die unweit des Gehöftes auf einem freien Platze stand. Wie stets bei dergleichen Gelegenheiten, rannten die Männer anfänglich rath- und hilflos hin und her. An die ernstliche Organisirung eines Löschpersonals hatte man in Weinheim, wo ein Brandunglück seit Menschengedenken nicht zu beklagen gewesen, nie gedacht. Man besaß eben eine Spritze, und das war Alles. Der Wasserstrahl des Spritzenrohrs wurde unnützer Weise dahin gehalten, wo das Feuer am heftigsten wüthete und doch schon Alles verloren war.

Da schrie plötzlich eine Stimme aus der Menge: „Die Kirche! Die Kirche brennt!"

Alle Blicke richteten sich nach dem Gotteshause hin. Wirklich! Da züngelten kleine Flämmchen, weiß dampfend in kleinen, feinen Wölkchen, die sich gelblich färbten und alsbald in lichten Flammen flatterten, – an Dach und Thurm empor. Die glühende Hitze hatte das alte, in dem heißen, dem Rebenblut so günstigen Sommer besonders gedörrte Gebälke zum Schwehlen, der scharf wehende Wind das glühende Holz bis zum Aufflammen angefacht.

Der alte Walter war jetzt der Erste, der durch seinen Commandoruf die vor dem neuen Schreck laut aufjammernde Menge veranlaßte, die Spritze gegen die Kirche zu wenden. Aber auch hier kam die Hilfe zu spät. Das vernichtende Element des Feuers hatte bereits zu viel Gewalt erlangt, als daß es der schwache Wasserstrahl, der zu dem ungleichen Kampfe ausgesandt wurde, zu überwinden vermocht hätte. Mittlerweile rasselten auch die mit Willkommenruf begrüßten Spritzen der Nachbardörfer einzeln herbei; aber auch diese fremde Hilfe erwies sich als unzulänglich, und ein verständiger Spritzenmeister, der die Leitung übernommen, und dem sich die ängstlichen Gemüther schweigend so gern unterordneten, rieth endlich an, die Kirche den Flammen zu überlassen und das Pfarrhaus, so wie die übrigen Nachbarhäuser mit den Spritzen zu bearbeiten, um zu verhindern, daß das ganze Dorf eine Beute der Feuersbrunst werde.

Plötzlich trat in die Mitte der arbeitenden, gaffenden und jammernden Menge, aufgeregt und athemlos der junge Pfarrer. Angethan mit dem geistlichen Gewande, gefolgt von dem Ministranten, stand er vor der Stätte der Vernichtung.

„Habt Ihr die Monstranz gerettet?" fragte er ruhigen Tones.

„Gerettet?" rief man, wie aus einem Traum erwachend. Kein Mensch hatte daran gedacht, das Innere der Kirche auszuräumen.

„Ich lese es auf Euern Gesichtern, meine Lieben," sagte Xaver voll Milde, „daß Euch die Bestürzung die Ueberlegung raubte. Im Namen Gottes mir nach!" und er eilte der Kirchenthür zu.

„Zurück! zurück!" tönte es warnend und bittend von allen Seiten. „Jeden Augenblick kann der Thurm und unter ihm das Kirchendach zusammenstürzen!"

„Die heilige Monstranz muß der Zerstörung entrissen werden!" rief Xaver in seiner Begeisterung. „Gott wird mir beistehen!"

Vergeblich ertönten wiederholte Warnungsrufe. Xaver hatte aber, von Niemand gefolgt, die Thür schon erreicht und durcheilte das Schiff der Kirche zum Hochaltar.

Angstvoll drängte die Menge heran, um zu sehen, wie das Wagniß enden werde. Sie bemerkten, wie der Pfarrer mit flatterndem Gewande dahinflog, die Stufen des Altars emporstieg, den Schrein öffnete und nach dem Heiligthum griff. Die Monstranz funkelte in seiner Hand, – die Menge athmete auf. Die kühne That konnte gelingen. Da – ein furchtbares, dumpfes Gekrach – der Thurm stürzte, – der Pfarrer lief, wie beschwingt, dem Ausgang zu. Aber die Trümmer des Thurmes zerschmetterten das Dach, das mit donnerähnlichem Getöse in das Kirchenschiff sank. Dicht an der Thürschwelle wurde Xaver von einem niederfliegenden, glimmenden Balken getroffen und brach zusammen.

Die Menge schrie laut auf. Die Frauen drückten wehklagend die Augen zu, um nichts mehr zu sehen. Frau Elsbeth, die eben herbeigeeilt war, hatte aus den Ausrufungen der ängstlichen Weiber den Vorgang errathen und fiel bei dem allgemeinen, plötzlichen Wehruf in Ohnmacht.

Stumm und starr stand nach dem Aufschrei des Schreckens die Menge einen Augenblick da.

„Nun denn auch in Gottes Namen!" hörte man plötzlich eine Stimme rufen, „retten wir den Pfarrer!" Es war Johannes. Er stürzte sich entschlossen an die Kirchenthür, während noch Trümmer auf Trümmer vom Kirchendach polternd sich lösten. Franz folgte mit gleicher Todesverachtung dem Freunde.

Sie zogen den leblosen Körper des Pfarrers unter den Balken hervor und trugen ihn in's Pfarrhaus hinüber. Das geistliche Gewand Xaver's war versengt; eine Quetschung am Kopfe und verschiedene Brandwunden wurden an dem Unglücklichen sichtbar. Die Monstranz hielt er krampfhaft in den erstarrten Händen. Trotz des lauten Jammers der Gemeinde lohnte doch manch herzlicher Zuruf die entschlossene That der beiden jungen Leute.

Der Bader beschäftigte sich mit Xaver und nach sorgfältiger Untersuchung sprach er mit genugthuender Miene: „Er lebt; aber schnell nach dem Arzt; denn hier giebt es für Barbierarbeit zu viel zu thun!"

„Wo ist ein Bote nach der Stadt?"

„Hier! hier!" rief Johannes, und er rannte nach seines Vaters Gehöfte, von wo er nach wenigen Minuten auf einem kräftigen Pferde mit verhängtem Zügel die Heerstraße hinuntersprengte.

VII

Mitten in den Forsten, die sich hinter den Weinheimer Bergen in ununterbrochener Ausdehnung bis in die Nähe der fürstlichen Residenz erstrecken und Kammergut sind, lag an der Landstraße, die sich durch die Waldung zieht, die sogenannte Waldschänke.

Das Haus war seiner Geräumigkeit nach ein für seine gegenwärtige Bestimmung sehr stattliches Gebäude von zwei Stockwerken. Dieser Eindruck der Stattlichkeit verlor sich jedoch für den Beobachter, sobald er die Baulichkeit in näheren Augenschein faßte. Ueberall fanden sich Spuren grober Vernachlässigung und unaufhaltsamen Verfalls. Das ehemalige Ziegeldach, welchem weder Wetter noch Zeit die zerstörenden Schläge erspart hatte, war an mehreren Stellen noch mit Schindeln ausgeflickt, der Abputz der Umfassungsmauern war vor Alter geschwärzt und, zum Theil die nackten Mauersteine zeigend, zerbröckelt. In dem oberen Stockwerk pfiff der Wind durch die zerbrochenen Fenster in die unbewohnten Räume hinein. Im Untergeschoß hatte man es etwas wohnlicher erhalten; aber auch hier deutete fast jeder fußbreite Raum auf Verfall und Untergang. Aus dem ruinenartigen Gemäuer blickten, matt wie die hohlen Augen eines dem Hunger und Elend anheimgegeben Menschen, die klapprigen Fenster, deren Scheiben in allen Regenbogenfarben schillerten, oder durch vorgenagelte, in den Fugen mit Moos ausgestopfte Bretter ersetzt waren. Die verwetterten, geborstenen Fensterladen hingen schief in den Angeln. Die Hausthür, der das verrostete Schloß schon seit langer Zeit den Dienst versagte, war mit einem mächtigen, roh gearbeiteten Riegel aus Eichenholz versehen. Dem Aeußern sah auch das Innere der Gaststube ähnlich. Tische und Stühle befanden sich im Zustande höchster Invalidität und wurden nur noch durch sehr kunstlose Heilmittel zusammengehalten.

Zu dem wenig erquicklichen Ganzen paßte das alternde Paar, dem die Schänke eigenthümlich zugehörte. Mann und Frau erschienen ebenfalls wie halbe Ruinen und mahnten in ihren alten, durch langen Gebrauch abgenutzten Garderobestücken an eine frühere Zeit. Ja, diese frühere Zeit! Die Frau erzählte mit Vorliebe von den ehemaligen Tagen, und alsdann nahm ihr sonst apathisches Wesen einen lebendigen Aufschwung.

Die Waldschänke hatte schon bessere Zeiten gesehen. Ehe die Eisenbahn gebaut gewesen, die jetzt den ganzen Verkehr in sich aufschluckte, da hatte diese jetzt so öde Heerstraße durch den Wald von Reisenden gewimmelt. Fußgänger und Reiter, Frachtwagen und Carossen zogen bis in später Nacht auf dieser Straße, und weil die Höhen das Weiterkommen beschwerlich machten, pflegte fast jeder Reisende an der Schänke anzuhalten, um sich oder sein Zugvieh zu erfrischen. Damals war es in dem Gasthause vor Mitternacht nie still geworden, und nicht selten fehlte der Platz in dem stattlichen, zweistöckigen Hause, um allen Gästen für die Nacht Herberge zu gewähren.

Jetzt beschränkte sich der Zuspruch in der Waldschänke auf einige reisende Handwerksburschen, etliche Holzhauer und auf jene Gäste, die mit dem Gesetze in Widerspruch lebten. Der vorzügliche Wildstand in den ausgedehnten Forsten, sowie die Nähe der Badeörter, wo die Hotelbesitzer fortwährend nach Wildpret für die Küche verlangten, waren für manchen verwegenen Burschen zu verlockend, um
nicht des Nachts auf den Anstand zu schleichen.

So fand man des Abends in der Waldschänke meistens eine absonderliche Gesellschaft. Die Gäste labten sich an Schnaps, Grogk und Wein und führten eine laute, brutale, oder verdächtig wispernde Unterhaltung. Der lange Wirth, dürr wie ein Skelett, pflegte auf der Ofenbank schlafend zu liegen, bis ihn das Klappen des Glases eines Gastes oder der Zuruf der Ehefrau weckte. Oder er saß auch mit einer Gruppe wüst aussehender Gesellen zusammen, mit denen er heimliche Geschäfte und Pläne besprach; denn der Herr Wirth wußte im Walde besser Bescheid, als in dem oberen Stockwerke seines Hauses und machte gegen Beuteantheil gern den Kundschafter, Hehler und Unterhändler der Wilddiebe.

Die Wirthin dagegen mischte sich in dergleichen Dinge nicht. Wie dereinst vor zwanzig Jahren thronte sie auch heute noch auf dem lederbeschlagenen Lehnstuhle hinter dem Schänktische, dicht vor dem Geldkasten. Sie füllte die Gläser und nahm das Geld in Empfang, während der Rest der Bedienung dem Ehegatten zufiel.

Am Abend des Tages, an welchem das Weinheimer Winzerfest in so schrecklicher Weise gestört worden war, gab es in der Waldschänke auch eine kleine Gesellschaft.

An dem Tische, zunächst der Thür, saßen zwei Handwerksburschen, die zur Nacht eingekehrt waren. Sie hatten die Ränzel neben sich liegen, „erfochtenes" Brod und Wurst aus demselben hervorgelangt und sich einen Schnaps geben lassen.

Der Wirth streckte sich auf der Ofenbank; die Wirthin nickte beharrlich im Sorgenstuhle, mit dem Schlafe sanft ringend.

In der tiefsten Ecke des Zimmers hatten noch zwei Männer Platz genommen, kräftige, bärtige Gestalten. Sie schmauchten aus kurzen Pfeifen, und Jeder hatte ein Glas „straffen" Grogk vor sich stehen, dem sie eifrig zusprachen.

Die Lampe verbreitete nur ein spärliches Licht in dem Raum, so daß die ganze, schweigende Gesellschaft einen fast unheimlichen Eindruck machte.

Endlich rührte sich Einer der Bärtigen und flüsterte im tiefsten Basse, so daß es wie das Brummen einer Hummel klang: „Sag', Wilder, wo mag der Rothe stecken?"

„Weiß ich's?" erwiderte der Gefragte, in dem wir den wilden Peter erkennen.

Der Andere, den der Beinamen „Brummer" zierte, murmelte etwas Unverständliches. Dann herrschte wieder tiefes Schweigen.

Die Handwerksburschen hatten ihr frugales Nachtmahl beendet, und, die Köpfe auf die Arme vor sich auf den Tisch gelegt, schliefen sie ein.

Brummer schüttelte voll Mißbehagen das Haupt. „Das ist ja heute eine nichtswürdige Wirthschaft hier!" schmähte er, und es klang laut durch die Räume, wie die Stimme der dicken Susanne zu Erfurt, der großen Glocke. „Heda, Wirth! Altes, kiehniges Gestell! Geschwind ein Glas Steifen!"

Der Wirth dehnte und reckte sich, als schien er zu überlegen, welchen Fuß er zuerst von der Bank setzen sollte; da ließ seine Gattin ihre scharfe Stimme erklingen, und die hagere Gestalt schwang sich elastisch empor, ein Zeichen, daß er auf die Dressur seiner wohlbeleibten Ehehälfte vorzüglich geübt war. Der Brummer empfing jetzt schnell den verlangten Grogk mit dem landesüblichen Gruß: „Wohl bekomm's!"

„Nun, Alter," brummte der Gast; „wo mag sich der Rothe wohl 'rumtreiben?"

„Kann nicht dienen, Brummerchen. Er wird aber schon kommen; ist ja stets ein pünktlicher Kerl gewesen, der gute Rothe."

„Deshalb eben begreife ich nicht, daß er gerade heute auf sich warten läßt. Er hat das Geld für die drei letzten Thiere abzuladen; es giebt ein Unglück, wenn da etwas nicht reinlich wäre."

„Horcht!" sagte der Wirth und lauschte nach dem Fenster; „ich höre etwas, – das muß sein Schritt sein."

Der Wirth war bei seinen Gästen wegen seines staunenswerthen, feinen Gehörs bekannt; die beiden Wildschützen lauschten jetzt auch mit Aufmerksamkeit, und in der That vernahmen sie bald den Schritt eines Nahenden.

Drei Minuten später trat der rothe Carl in die Stube.

„Endlich!" rief ihm Brummer entgegen.

„Ja, endlich bin ich hier," erwiderte der Rothe, „und ich wundere mich, daß ich noch auf zwei Beinen stehe."

„Hast Du Abenteuer gehabt?" fragte Peter.

„Das gerade nicht; aber dergleichen angenehme Geschichtchen können noch kommen, und zwar schon in den nächsten Tagen."

„Bah, mit wem wohl? Die fürstlichen Förster sind froh, wenn wir einen Hirsch statt ihrer auf's Korn nehmen und drücken gern ein Auge zu."

„Das hat man oben eben gemerkt."

„Lasse Dir Nichts weiß machen, Rother."

„Du bleibst natürlich immer der Superkluge, Wilder. Drüben aber bläst Alles Alarm. Der Fürst ist ein Jagdnarr und liegt namentlich jetzt viel im Holze. Er fährt die Kreuz und Quer und kennt verschiedene Thiere und ihren Stand. Der hohe Besuch galt vorzugsweise einem Sechzehnender – und siehe da, der Liebling ist plötzlich verschwunden."

„Der hat sicher sich schon um den Bratspieß geschwenkt, und Du bringst hoffentlich das klingende Vergnügen für die glücklichen Schützen?" schaltete Peter ein.

Der Rothe ließ harte Thaler in seiner Tasche klingen und fuhr eifrig fort: „Der Fürst witterte Wilddieberei und beehrte das Forstpersonal mit einem allerungnädigsten Rüffel. Da log denn jeder der Grünröcke das Blaue vom Himmel, um das Gegentheil zu beweisen, und der gestrenge Herr gerieth wirklich auf eine falsche Fährte. Zum Unglück aber kommen Haut und Geweih zum Vorschein. Ein speculativer Trödler, der längst wußte, daß mit den größten Dieben die besten Handelsgeschäfte zu machen seien, hatte auch Fell und Geweih an sich gebracht, und als er später erfährt, daß der Fürst so viel Wesen um den Sechszehnender treibt, so bietet er im Schlosse den Balg der Bestie zum Kauf an."

„Den Hals sollte man dem Schurken brechen!" brüllte Brummer und schlug mit der Faust auf den Tisch.

„Der Fürst ließ dem Schacherer die Pelle des Sechszehnenders fürstlich bezahlen, und der Hirsch soll ausgestopft werden."

„Hat man denn den Trödler nicht inquirirt, auf welche Weise er zu der Haut gekommen ist?"

„Freilich hat man das; aber der schlaue Fuchs hat eine so gottselige Geschichte erfunden, daß man ihn ob seiner Ehrlichkeit belobt und nur die feste Ueberzeugung gewonnen hat, daß die Wilddieberei in den Forsten so lustig lebt, wie ein Reiher im Karpfenteich. Serenissimus ist fuchswild, und es soll platterdings ein Exempel statuirt werden. Die ganze Militairmacht hat Marschordre erhalten, um die Wildfrevler aufzuheben. Diese Maßregel ist auch die am wenigsten kostspielige; denn die Bauern tragen die Quartierlast und das Land die Marschzulage. Das Kesseljagen ist vielleicht schon in diesem Augenblicke eröffnet. Was meint Ihr zu dieser Neuigkeit?"

„Der Spaß ist wirklich nicht übel," versetzte Peter.

„Es reizt mich, die gesammte Heeresmacht gegen mich zu haben und sie zu hänseln, daß die Welt darüber lacht."

„Die Jagd könnte doch etwas warm werden," versetzte Brummer bedenklich.

„Viele Jäger sind auch des Löwen Tod," fügte der Rothe, der Vorsicht beistimmend, hinzu.

„Ich dächte, wir zögen uns auf einige Wochen von unseren Geschäften zurück, um so mehr, als die Feistzeit vorüber ist," verfolgte Brummer seine Ansichten.

„Es wird unserem Körper gutthun, wenn wir eine Zeit lang, wie andere ehrsame Leute, mit den Hühnern zu Bette gehen," sprach der Rothe.

„Und Geld bringst Du ja mit?" fragte Brummer den Rothen. Dieser langte einen ledernen Beutel aus der Tasche und schüttete den Inhalt auf den Tisch. Beim Anblick des Geldes lachte Brummer's ganzes Gesicht, er stampfte sein Glas auf den Tisch und brüllte: „Noch ein Glas Steifen!"

Peter schenkte den blitzenden Thalern, so wie der sofort vorgenommenen Theilung keine Aufmerksamkeit. Er saß, in Gedanken versunken, regungslos da und starrte düster auf den Tisch. Mechanisch strich er den ihm zukommenden Antheil in die Tasche.

„Mich soll's wundern," hob der Rothe wieder an, „ob die Fürstlichen nicht die Waldschänke auf's Korn nehmen werden; denn wer wüßte es nicht, was hier verkehrt. Für diesen Fall dürfte Dir Dein Nest doch etwas unbehaglich werden, Wilder. Ich rathe Dir, suche Dir ein ander Quartier."

„Ein verdammter Streich, wenn sie Dich aufhöben," bekräftigte der Brummer. „Die bebrillten Herren drüben haben einen erstaunlichen Vorrath nichtsnutziger Querfragen und sie haben im Umsehen den verschlagensten Kopf in ein Netz geklöppelt, daß er festsitzt wie ein Finke in den Maschen. Hörst Du, Wilder?"

Peter erwiderte mürrisch: „Ich bleibe vorläufig, wo ich bin. Ich überlege eben. Wenn mein Bruder nicht das Unglück hätte, zu der schwarzen Armee zu gehören, hol's der Teufel! ich hätte Lust, Euch was erleben zu lassen. So eine Jagd mit den Lanzknechten paßte für meinen Humor."

Der Wirth war durch ein Geräusch von außerhalb aufmerksam geworden und hinausgegangen. Stimmen wurden alsbald laut.

„Was giebt es da?" fuhr der Rothe auf, dem seit heut Abend die Dielen der Schänkstube unter den Sohlen brannten.

„Nichts," beruhigte Peter. „Du hörst es wohl. Die Waldeule kommt. Das Mädel hat einen Zungenschlag wie eine Seilerspule."

Es war wirklich Martha, die hüpfend in das Zimmer flog. „Nun ja, da sitzt der Wilde beim Grogk," rief sie frohgelaunt, „und meine arme Seele verschmachtet. Lass' mir auch ein Schnäbelchen voll!" und sie ergriff das Glas und leerte es mit einem Zuge. „Nun aber, mein Herzensjunge," fuhr sie fort, indem sie ihm vertraulich die bärtige Wange klopfte, „ich brenne vor Ungeduld; wie steht es mit unserem Geschäfte?"

„Hast Deine Sache gut gemacht, Eule."

„Will es meinen. Hat mir aber Mühe genug gekostet, den Johannes zu beugen. Beinahe wäre ich schwach geworden; er lamentirte wie ein neubackenes Bettelweib vor dem Voigt. Wahrhaftig, so ein ernstlicher Bräutigam ist ganz unverschämt moralisch."

„Hier der bedungene Lohn," versetzte Peter kurz und überreichte der Dirne ein in Papier geschlagenes Packet.

Hastig riß die Waldeule die Umhüllung los und faltete ein Tuch auseinander. Sie betrachtete es lange hin und her und warf einzelne, keineswegs freundliche Blicke auf den Geber. „Carrirt ist es," sprach sie endlich mißmuthig; „vier Zipfel hat es auch. Wilder, denkst Du, ich sei Deine Großmutter? Solche Tücher waren vor zehn Jahren Mode. Man soll wohl hinter mir herlachen? Mach' Dir Fußlappen davon. Da!" und sie warf das Tuch dem erstaunten Burschen in's Gesicht.

Peter sprang entrüstet empor; er hielt das Tuch in der Hand, ließ seinen Blick befriedigt darüber hingleiten und sah auf seine beiden Genossen, als fordere er ihr Urtheil heraus. Dann wandte er sich an Martha: „Hast Du im Ernst gesprochen?"

„Soll ich Dir die Augen auch noch auskratzen?"

„Du schenkst mir also das Tuch wieder?"

„Dergleichen Lappen werfe ich auf die Straße!"

„Rother und Brunner, Ihr habt es gehört. Wir sind quitt, Waldeule!" sagte Peter mit Heftigkeit. „Frau Wirthin, ich mache Euch ein Präsent. Putzt Euch damit, bis Ihr zur Grube fahrt."

Das Mädchen mochte einen anderen Ausgang ihres Protestes erwartet haben. Sie stellte sich dem Wilden entgegen, der an den Schänktisch schritt, wurde aber von ihm bei Seite geschleudert, und die Wirthin griff mit Hast nach dem unerwarteten Geschenke, das sie mit einem: „Prächtig! prächtig!" empfing.

Martha glich in diesem Augenblicke in der That dem nächtlichen Vogel, den ihr Spitzname bezeichnete. Die Augen traten hervor, die Hände, krampfhaft sich ziehend, schienen sich in Klauen verwandeln zu wollen, und Blicke der Wuth sprühten wie Blitze auf Peter.

Dann verzerrte sich ihr Gesicht zu einem höhnischen Lachen, und sie sagte mit schneidendem Spott: „Bürschchen, ein bischen mehr Demuth vor der Waldeule dürfte Dir gesünder sein. Die Eulen sind Schicksalsvögel; und was meinst Du zu dem Scherz, wenn solcher Nachtvogel den Weinheimern hinterbrächte, wer ihnen den rothen Hahn auf's Dach gesetzt hat?"

Mit diesen Worten lief sie erregt zur Thür hinaus.

Die Handwerksburschen hatte der Lärm längst munter gemacht. Sie blickten bei der letzten Bemerkung der Dirne sich verwundert an und mißtrauisch zu Peter hinüber, der noch am Schänktische stand und soeben voller Gleichmuth seine Pfeife mit einem glimmenden Spahn in Brand setzte.

„Was will die Eule?" fragte Brunner.

„Du hast es ja gehört," erwiderte Peter kalt. „Mein Geschenk schien ihr nicht gut genug."

„Aber was faselte sie denn von dem rothen Hahn in Weinheim?" forschte der Rothe neugierig.

„Was scheert's mich," brach Peter kurz ab und schlenderte nach seinem Platz zurück.

Der eine der Handwerksburschen stieß den anderen bedeutsam an und zischelte ihm in's Ohr: „Merkst Du etwas? Das ist derselbe, der, in den Büschen versteckt, so aufmerksam von dem Berge hinunter in das brennende Dorf sah und sich nicht rührte."

„Schweig' um des Himmels Willen!" flüsterte der Andere zurück; „wenn der Mensch von unserem Verdacht etwas ahnte! er sieht danach aus, als käme es ihm nicht darauf an, Jemand kalt zu machen. Stellen wir uns, als ob wir schliefen."

Peter begann mit seinen Genossen ein lebhaftes Gespräch, sichtbar bemüht, die Aufmerksamkeit von der eben erlebten Scene abzulenken. „Ich dächte," fiel der Rothe plötzlich ein, „wir machten ein Spielchen. Geld haben wir, und die Nacht ist noch lang."

„Meinetwegen," versetzte Peter; „das vertreibt die Zeit, und im Spieleifer vergißt man, daß der Grogk so nichtswürdig schlecht ist."

Der Wirth stand alsobald mit den Karten bereit; denn er wußte aus langer Erfahrung, daß diese Art Spieler, die kein Handwerk daraus machen, bei Gewinn und Verlust dem Glase tapfer zusprechen. Noch aber hatte er die Karten nicht aus der Hand gegeben, als er betroffen lauschte, mit großen Schritten auf spitzen Zehen an die nach dem Hausflur gehende Thür schlich, aufmerksam horchte, plötzlich einen leise pfeifenden Ton hören ließ, hinter den Ladentisch sprang und dort eine versteckte Thür öffnete.

Bei dem Pfiffe, der den Wilderern nicht fremd sein mochte, schnellten sie empor und hurtig und geräuschlos flüchteten sie durch die geöffnete Thür.

„Soldaten!" flüsterte der Wirth ihnen zu, während er die Thür schloß. Er räumte sodann eiligst die Grogkgläser vom Tische, streckte sich auf die Ofenbank nieder und stellte sich schlafend.

Im nächsten Augenblicke wurde die Thür aufgerissen, und fürstliche Soldaten stürmten in das Zimmer.

„Herr Wirth," fragte der Unteroffizier barsch, „wen beherbergt Ihr hier im Hause?"

„Keine Menschenseele, Herr Offizier," sagte der Gefragte, der mit vieler Geschicklichkeit Jemand spielte, der aus einem tiefen Schlafe erwacht, „keine Menschenseele, Herr Hauptmann, und diese beiden wackern Handwerksburschen."

„Werden sehen, alter Fuchs. Leute, durchsucht die ganze Spelunke!" befahl der Corporal.

Während sich die Mannschaften mit Licht versahen und, den Wirth mit sich schleppend, sich beeilten, den Auftrag des Vorgesetzten auszuführen, nahm dieser die beiden Burschen in's Verhör. Die jungen Leute gaben verwirrte Antworten; denn aus Furcht vor den drei, durch die verborgene Thür entwichenen, wilden Gesellen, wollten sie die Wahrheit umgehen, und aus Besorgniß, mit den Sicherheitsbehörden in Conflikt zu gerathen, ließen sie sich ein Pförtchen zum völligen Geständniß offen. Ein Criminalist hätte die Burschen in wenigen Minuten zur unumwundenen Aussage gezwungen. Der in dergleichen Angelegenheiten unbeholfene Unteroffizier murmelte nur, sehr wichtig mit dem Kopfe nickend, zuweilen in den Bart: „Höchst verdächtig! sehr verdächtig!" Die von den beiden Burschen vorgelegten, ordnungsgemäßen Papiere führten aber endlich die Entscheidung herbei; der Corporal überzeugte sich schwarz auf weiß, daß die Burschen keinen Anlaß zu einer Haftnahme boten.

Inzwischen kehrten die Soldaten mit dem Wirth zurück und rapportirten, Niemand im ganzen Hause entdeckt zu haben.

Das Commando brach alsbald auf, und der Unteroffizier versicherte dem Wirth, den Besuch noch öfters wieholen zu wollen.

VIII

Welch' traurigen Anblick bot jetzt das sonst so fröhliche Weinheim! Von dem stattlichen Gehöfte Walter's standen nur noch die vom Rauch geschwärzten Umfassungsmauern des Hauptgebäudes. Rings um häufte sich Schutt, Asche und verkohltes Gebälke; viele Obstbäume des darangrenzenden Gartens streckten die blätterlosen, gedörrten Zweige über die Stätte der Verwüstung und erschienen zwischen ihren entfernt stehenderen, fruchtbeschwerten und laubumhüllten Brüdern wie den Gräbern entstiegene Skelette, die sich in den Kreis Lebender drängen. Von der Kirche war auch nichts weiter übrig, als eine geschwärzte Ruine. Die Weinheimer schlichen mit trüben Gesichtern an den Brandstätten herum und blickten dann und wann theilnahmsvoll nach dem Pfarrhause hinüber. Dort war es still wie in einem Todtenhause. Mutter Elsbeth saß an dem Krankenbette des geliebten Sohnes. Das arme, gequälte Herz! Der gestern herbeigerufene Arzt hatte weder Hoffnung gegeben, noch genommen, sondern nur die sorgfältigste Beobachtung seiner Vorschriften anbefohlen. Xaver war noch nicht zur Besinnung zurückgekehrt; bleich und starr lag er in den weißen Kissen, und nur ein kaum merkliches Athmen verrieth, daß er noch nicht zu den Todten zählte.

Und die Mutter, die mit zusammengepreßter Brust der schwachen Athemzüge lauschte! hier lag der Sohn, der für dieses Leben verloren schien, und in den Wäldern schweifte der andere Sohn, der für jenes Leben verloren war. Er trug das Kainszeichen des Brudermordes, er hatte den Brand in den Tempel Gottes geschleudert, indem er das Gehöfte Walter's in Flammen setzte: er war der Geächtete, vom Gesetz Vervehmte, von Gott Verfluchte. Die Schande heftete sich an seine Sohlen, und die Fetzen des weit flatternden, schrecklichen Gewandes der Unehre schlugen klappernd und verrätherisch in die unschuldige Familie des Ruchlosen. Die Seele Elsbeth's spaltete sich. Sollte sie den Himmel anflehen, daß er den todtkranken Sohn nicht mehr erwachen lasse, daß ihm so der unheilbare Schmerz der Familienschmach erspart bleibe? Barmherziger Gott! Die Mutter hatte in dem unbegreiflichen Reichthum der Liebe zu ihrem Kinde den Muth dazu; aber dann – dann war der Brudermord zur völligen Thatsache geworden! Nein, Xaver, Du mußt Deine Augen für dieses Leben, das Dich mit den Zangen des schwersten Elends für immer packen wird, wieder öffnen. Du mußt verdammt sein, von Christi Lehrstuhl zu steigen, die Purpurröthe der Schmach auf das Antlitz gedrückt; Du mußt verdammt sein, Dich vor den Blicken Anderer scheu zu verstecken, an denen, wenn auch schuldbeladener als Du, dennoch der Makel der Unehre nicht klebt. Du mußt verdammt sein, entsetzt zu schaudern, wenn ein Schaffot sich erhebt – o, arme, bemitleidenswerthe Mutter! Du vermagst nicht weiter zu denken, Dein Herz zittert in Deiner glühenden Brust, Deine Augenlider klemmen sich krampfhaft zusammen, Dein greises Haupt schüttelt sich, Du keuchst, und bebend entgleitet von Deinen fieberhaften Lippen der hohle Ruf: „Xaver, Du mußt leben!" So erschütternd klang es, als Brutus das Todesurtheil über den eigenen Sohn sprach. –

In dem Krankenzimmer hatte man, dem Bette gegenüber, auf einen, mit feinen, weißen Linnen bedeckten Tisch die gerettete Monstranz aufgestellt. Das war eine Huldigung der Gemeinde, die in ihrem Geistlichen, der sich bei Rettung des Heiligthums die tödtliche Verwundung zuzog, einen kirchlichen Märtyrer erblickte und sich für dessen Verehrung begeisterte. Jedermann bot sich zur Pflege an; aber Frau Elsbeth lehnte Anderer Hilfe ab; Fremde konnten etwas verabsäumen, und Xaver mußte ja wieder zum Leben erwachen. Dann und wann ward der apathische Zustand des Leidenden durch Delirien unterbrochen, und seine Hand fuhr dann unwillkürlich nach dem Verbande. Nur mit Mühe vermochte alsdann Frau Elsbeth den gegen sich selbst wüthenden Kranken zur Ruhe zu zwingen, und es entwickelte sich eine unglaubliche Energie in der schwächlichen Frau, während ihr Herz blutete, ihn dem wohlthätigen Arme des Todes entreißen zu wollen. –

Es gab bekanntlich auch anderwärts schwere Trauer im Dorfe. Der alte Walter stand mit seiner Familie vor den rauchenden Trümmern des heimischen Heerdes. Ein Gehöft, in welchem man geboren und auferzogen wurde, in welchem man zwei Menschenalter hindurch

Freude und Leid in reichem Wechsel erlebte, an welchem alle Erinnerungen haften, die aus jedem Raume, von jeder einzelnen Stelle mit beredtem Schweigen die Minuten des Glückes erzählen: das ist gleichsam ein Stück vom eigenen Selbst geworden, und sein Verlust schmerzt wie eine Wunde, die das innerste Leben berührt.

Das fühlte der Greis so tief.

Das Gehöft, von dem Nichts übrig geblieben, als einige geschwärzte, nackte Wände, hatte Walter's Wiege beherbergt. In diesen Räumen war er aufgewachsen und zum Mann gereift; dort hatte die Todtenbahre seiner Eltern gestanden, über diese Schwelle hatte er sein treues Weib eingeführt, das ihnen die beiden Kinder geboren. In denselben Räumen sollte in den nächsten Tagen das Doppelhochzeitsfest gefeiert werden, das ihm die Tochter entführt, um ihm eine andere Tochter zu bescheeren.

Von der Begehung des Hochzeitsfestes konnte jetzt füglich für's Erste nicht die Rede sein.

Der Alte merkte es dem Sohne an, daß ihm dieser Punkt die Rauhheit des Schicksals besonders herb empfinden lasse. Von Johannes und Regina war nach dem gestrigen Erlebnisse auf den Bergen vorläufig gar nicht die Rede. Jedermann hatte es bemerkt, daß sich diese beiden Verlobten einander auswichen, der Eine den Blick des Anderen scheuend.

Doch es gab für Alle jetzt mehr zu denken und zu thun, als die Laune von Liebesleuten zu verfolgen.

Walter, bei seinem praktischen Charakter, riß sich schnell von dem dumpfen, nutzlosen Hinbrüten los. Er entwarf die Pläne zum neuen Aufbau und zur Deckung der Verluste, welche letztere die Vergütigung aus der Feuerversicherungsgesellschaft wesentlich überragen mußten.

Ein unaufgeklärter Punkt blieb die Entstehung des Feuers. Frau Elsbeth hatte erzählt, daß sich der Brand dicht am Wohnhause, wo sich die Küche befand, zuerst gezeigt habe. Auf diese Aussage beschränkte sich aber auch Alles, was man ergründen konnte. Walter's Frau und Tochter waren die Letzten, die das Haus verlassen hatten, nicht ohne vorher mit der gewohnten Sorgfalt und Aengstlichkeit den Feuerheerd untersucht zu haben, daß kein Schaden geschehe.

Einen Gedanken an einen Racheact irgend einer Person ließen die freundschaftlichen Verhältnisse, in denen Walter mit den Dorfbewohnern stets gelebt, nicht aufkommen. Besonders räthselhaft erschien es aber, daß, während die sämmtlichen Stallgebäude bei Ankunft der Weinheimer von den Bergen bereits fast niedergebrannt waren, alles Vieh gerettet war. Wer hatte die Rinder und Rosse von den schweren Ketten gelöst?

Die Rettung des Viehes hatte ein menschliches Eingreifen nöthig gemacht, und man hatte ja die alte Elsbeth, halbtodt und erstarrt, wie ohnmächtig gefunden: sie konnte den Thieren nicht beigestanden haben.

Der alte Walter schlich in's Pfarrhaus, um Elsbeth näher darüber zu befragen; aber sie starrte ihm verwirrt und schweigend in's Gesicht, wie Jemand, dessen Geist durch entsetzliche Ereignisse gestört ist, und der brave Bauer begriff, daß unter der Wucht des Mutterschmerzes sich das Gedächtniß verschleiern und die Erinnerung an das Unheil die Herzwunden heftiger blutiger machen müsse.

„Geht, geht!" rief sie schaudernd, „ich weiß nichts, gar nichts! will nichts wissen! Was kümmert mich Euer Vieh – habt Mitleiden; seht meinen kranken Sohn, o mein armer, armer Xaver!"

Mit diesen Worten stürzte sie in das Krankenzimmer zurück, und Walter schlich sich fort. Er war erschüttert und machte sich Vorwürfe über seine Unbedachtsamkeit. –

Der sehr vermögende Walter pflegte, ohne sich selbst zu vergessen, Grundsätze der Gemeinnützigkeit und der Menschenliebe. Ihm war der Nothstand im Hypothekenwesen des ländlichen Grundbesitzes nicht entgangen, und er zog deshalb vor, seine Capitalien, anstatt sie auf höheren Zins in Papieren niederzulegen, mit geringeren Vortheilen dem Credit des Grund und Bodens anzuvertrauen. Er zog bei seiner gegenwärtigen Lage den Vortheil daraus, daß er den langwierigen Weitläufigkeiten entging, die ihm erwachsen wären, um die verbrannten Effecten annulliren zu lassen und sich Geld zu verschaffen. Letzteres erlangte er jetzt ohne Schwierigkeiten, und der Bau konnte alsbald in Angriff genommen werden, was sich als um so dringender herausstellte, als die Jahreszeit dem Herbste entgegeneilte. Vorläufig zog die Walter'sche Familie auf Elsbeth's Bitte in der Wittwe Haus, während das Vieh in den Ställen verschiedener Freunde mit untergebracht wurde. Mit der Regsamkeit auf der Brandstätte zur Errichtung neuer Gebäude, zu deren Einrichtung Jeder seinen Wunsch und seine Ansicht geäußert und meist Berücksichtigung gefunden, belebten sich in der Walter'schen Familie die Hoffnungen auf baldige, heitere Tage, und der Trübsinn verlor sich ungeahnt.

Bei weitem untröstlicher sah es im Pfarrhause aus.

Xaver's Zustand hatte sich durch den Hinzutritt einer Gehirnentzündung wesentlich verschlimmert, und der Kranke rang fortwährend mit dem Tode. Der Arzt war im Laufe der Woche fast ein Bewohner von Weinheim geworden. Er verließ das Dorf nur in dringenden Fällen und widmete dem Patienten die äußerste Sorgfalt.

Frau Elsbeth hatte sich auch endlich den Vorstellungen des Arztes und dem Auslöschen der Kräfte fügen müssen und sich in der Pflege Xaver's mit Liesel und Regina getheilt.

Die Krankheit wuchs der Krisis entgegen, und die Entscheidung war gekommen. Die Mutter hatte des Leidenden Lager wieder seit vierundzwanzig Stunden nicht verlassen. Sie hatte äußerlich ihre Fassung völlig wiedergewonnen. Anscheinend ruhig saß sie da, jede Pflicht der Pflege mit sicherer Hand verrichtend, während die beiden Mädchen ein leises Schluchzen nicht zu unterdrücken vermochten.

Neben Elsbeth hatte der Arzt Platz genommen, der jeden Athemzug des Kranken beobachtete und sich zuweilen besorgten Blickes über ihn hinweg beugte. Am Fußende des Bettes stand der Geistliche eines Nachbardorfes, der den Patienten mit den Sterbesacramenten versehen hatte.

Es herrschte tiefe Stille im Gemach. Der Arzt erfaßte Xaver's Hand, zog die Uhr und zählte die Pulsschläge. Sein Gesicht war umwölkt, seine Kunst schien zu verzweifeln. Die Mutter hing an Blick und Lippe des Arztes; sie verstand, was er dachte; doch keine ihrer Gesichtsmuskeln zuckte; sie blieb gefaßt.

Plötzlich wurde draußen ein rohes Lärmen menschlicher Stimmen laut, und Waffen klirrten dazwischen.

Frau Elsbeth erhob sich entrüstet und wie ein Schatten huschte sie an die Thür, um die Lärmenden zu beschwichtigen. Der alte Walter stand draußen und suchte das Eindringen mehrerer Soldaten zu verhindern. „Der wilde Peter," sagte er zum Anführer des Trupps, „hält sich schon seit Wochen nicht mehr in Weinheim auf, und Niemand im Dorfe weiß, wo der Bursche hingerathen ist."

„Unmöglich," erwiderte der Unteroffizier. „Wir wissen das besser. Man hat ihn dieser Tage in der Nähe des Dorfes gesehen. Hindert uns an der Ergreifung des gefährlichen Menschen nicht. Ihr ladet große Verantwortlichkeit damit auf Euch. Daß der Peter Wilddieberei gewerbsmäßig treibt, ist erwiesen, und daß das ruchlose Subject sich auch der Brandstiftung schuldig gemacht, darüber liegen die Denunciationen eines Mädchens und zweier Handwerksburschen vor."

„Was!" schrie Walter entsetzt, „der wilde Peter ein Mordbrenner? –"

„Ein Mordbrenner!" wiederholte der Corporal.

„Ein Mordbrenner! ja, mein Sohn ein Mordbrenner!" sprach Frau Elsbeth, die soeben aus der Thür getreten war. Das unsägliche Weh, das bei diesen Worten ihr Inneres durchwühlte, überwältigte sie. Sie griff, Hilfe suchend, um sich und wimmernd brach sie zusammen. Eine wohlthätige Ohnmacht raubte ihr das Bewußtsein.

IX

Dicht hinter dem Pfarrhause lag ein mit Linden und Ulmen bepflanzter Platz.

Einige Tage später stand eines Abends, hinter einem umfangreichen Stamme den Blicken Vorübergehender verborgen, der wilde Peter. Er schien Jemand zu erwarten. Schon seit mehreren Tagen hätte man zu derselben Stunde den verwegenen Gesellen hier finden können. Unermüdlich blieb er auf der Lauer, bis eine verhüllte, weibliche Gestalt vom Dorfe her zu ihm schlich, mit ihm ein kurzes Zwiegespräch hielt und dann wieder vorsichtig verschwand.

In Peter's Auftreten war eine bedeutende Veränderung vorgegangen. Alle Spuren der Wildheit schienen von ihm gewichen zu sein, und wer von den Weinheimern ihn jetzt plötzlich erblickt hätte, würde vor dem gebeugten Aussehen des früher so trotzigen Burschen noch mehr erschrocken sein, als vor der ehemaligen Wildheit desselben. Die Nachricht von dem Unglücke seines Bruders hatte des rauhen Mannes unbändige Leidenschaften gedemüthigt. Er liebte ja diesen Bruder; er liebte ihn um so mehr, als er denselben in den Fesseln des Standes sah, den Peter am meisten zu hassen Ursache zu haben glaubte. Xaver erschien ihm seit dem Tage des Einzugs in Weinheim wie ein Opferthier, das eine brutale Hand an die Schlachtbank gebunden.

Deshalb trotzte er der Gefahr vor den Häschern und besuchte allabendlich das Dorf, um von seiner Schwester, dem Liesel, Auskunft über das Befinden des Kranken zu erhalten. Vor diesem mächtigen Gefühle für den Bruder trat selbst die Leidenschaft für Regina zurück. Die Liebe für den Bruder war unentweiht, sie erschien ihm als etwas Geheiligtes; die für Regina hingegen schleppte einen doppelten, unsühnbaren Vorwurf nach sich. Um sie hatte er sich bis zu dem elenden Streiche verirrt, durch eine schnöde Komödie die beiden Verlobten um ihr Glück zu betrügen, und um Regina war es gewesen, daß er, anstatt den von ihm zuerst bemerkten Ausbruch des Feuers bei Walter zu löschen, wie er es vermocht hätte, – vielmehr in hämischer Schadenfreude den Brand weiterlodern ließ, und er somit das Unglück zuließ, das über Walter, über das ganze Dorf und namentlich über die eigene Familie hereingebrochen war.

Noch am Tage des Brandes hatte die sinnlose Leidenschaft den wilden Peter aus der Waldschänke nach dem Walter'schen Gehöfte gezogen. Er wußte, daß sich die Weinheimer in den Bergen versammelten, daß er Regina im Hause nicht antreffen würde; und dennoch trieb es ihn unwiderstehlich an die Stätte, um nur an der Stelle zu sein, wo Regina häuslich zu walten pflegte. Aber gegenwärtig drängte sich der grausige Brand , der sterbenswunde Bruder zwischen sie und ihn. Er scheute ihr Begegnen; er hätte gefürchtet, durch ihren Blick vernichtet zu werden.

Und heut Abend stand Peter wieder hinter dem hohlen Lindenstamme. Er wußte, wie seine Verfolger sich nach ihm abhetzten; wie die beleidigte, rachsüchtige Martha, die ihn am Nachmittage jenes Unglückstages aus dem brennenden Dorfe nach dem Walde hatte eilen sehen, ihn nicht nur als Wilddieb, sondern auch als Brandstifter denuncirt und alle ihr bekannten Schlupfwinkel der Wilderer verrathen hatte. Aber was bedeutete für Peter alle Gefahr gegen die Besorgniß um den kranken Bruder!

Wie flehte Liesel allabendlich, daß er sich durch die Flucht retten und nicht durch seine Ergreifung das Familienelend noch steigern möge. „Sie sollen mich nicht schnappen," pflegte er zu erwidern; „und ich kann nicht fort, so lange Xaver's Leben in Gefahr schwebt."

Peter überdachte das Alles und harrte unverdrossen, bis eine weibliche Gestalt aus dem tieferen Schatten der Häuser hervorschlüpfte und zu ihm hineilte.

„Nun Liesel, wie steht es heute?"

„Besser, Peter, Gott habe Dank!"

„Die Mutter?"

„Hält's im Bett nicht mehr aus, und will wieder in's Pfarrhaus. Der glückliche Umstand, daß es mit Xaver besser geht, macht sie ganz gesund."

„Also Xaver –"

„Erholt sich zusehends. Die Entzündung ist gewichen. Die Wunde am Kopf schreitet der Genesung entgegen, und die kleinen Brandverletzungen im Gesicht und Rücken kriegen schon eine heile Haut."

„Das hat der Himmel wohlgemeint!" sagte Peter, tief aufathmend. „Und hast Du dem Xaver von meinem Wunsche gesprochen?" fügte er fast schüchtern hinzu.

„Allerdings, Peter; er erwartet Dich."

„Erwartet mich!" fuhr Peter freudig auf. „O, das Herz, das meiner schweren Bitte so schnell entgegenkommt, besitzt auch den Reichthum, mir zu verzeihen. Eilen wir, Schwester! Nur erst Verzeihung aus seinem Munde, und dann will ich in die fremde Welt ziehen, daß ich niemals wieder den Frieden der Familie störe!" Peter vergaß bei der Gluth seiner schönen Empfindungen die gewohnte Wachsamkeit und gewahrte nicht, daß sich eine zweite weibliche Gestalt horchend in die Baumgruppe schlich. Die beiden Geschwister gingen schnellen Laufs der angelehnten Thür des Pfarrhauses zu, wo sie verschwanden. Die dritte Person eilte in entgegengesetzter Richtung fort. –

Der junge Geistliche befand sich in seinem Ruhebette. Er war allein. Sein bleiches, vom Kerzenlichte überglänztes Haupt trug noch den Verband; aber die in Menschenliebe verklärten Augen blickten jetzt wieder lebendiger; auf seinen Gesichtszügen malte sich der Wiederschein innerer, glücklicher Empfindungen. Die allgemeine Liebe und Verehrung, die man ihm dargebracht, die treue Pflege, die man ihm geweiht, hatten sein Herz emporgerichtet und den Druck seiner religiösen Zweifel erleichtert. Er sah außerdem in diesem Augenblicke einem schönen Feste entgegen: er sollte seinen Bruder wiederfinden und er hoffte zuversichtlich, ihn wieder zu erobern für das gesetzliche, gesellschaftliche Leben, für die Mutter, für die Familie.

Der Blick Xaver's war unverwandt nach der Thür gerichtet. Plötzlich leuchteten seine Augen auf: er hatte draußen Schritte vernommen.

„Sei in Gott gegrüßt, Peter!" rief er dem zögernd eintretenden Bruder entgegen. „Ich freue mich so sehr, daß Du meiner nicht vergißt. Mich verlangte nach Dir."

„Vergebung, Xaver, Vergebung!" erwiderte Peter zerknirscht und kniete vor dem Rande des Bettes nieder, indem er die magere Hand des Bruders ergriff und die brennende Stirn darauf drückte.

„Richte Dich auf, Bruder, daß ich Dich an mein Herz drücke," bat Xaver sanft.

„Du guter, vorzüglicher Mensch! O, könnte ich wieder gut machen, was ich an Euch verschuldet! Doch Du lebst! – die Mutter lebt! – mein Gewissen ist beruhigter, und ich brauche nicht als Kain ruhelos durch die Welt zu schweifen. Ich gehe nun gern."

„Wie? Du wolltest uns verlassen und nicht hier bleiben und friedlich mit uns leben, das gegenseitige Glück theilend und vermehrend?"

„Unmöglich! Sie hetzen mich ja wie ein Wild, damit das fürstliche Wild fürder unbehelligt äse in den Saatfluren des Landmanns. Das strafende Gesetz streckt seine Hände nach mir aus, und es ist unerbittlich. Du hattest letzthin Recht: Wilderer und Pfarrer sind unversöhnliche Gegensätze; der Wilderer wird weichen. Ich komme, nachdem ich Deine Verzeihung erhalten, Abschied von Dir zu nehmen. Lebe wohl, guter, edler Mensch! Erleichtere Dir der Himmel Dein schweres Amt, wie Du dasselbe in Treue und Hingebung erfüllst, und segne er die Saat, die Du ausstreust, mit dem herrlichsten Gedeihen!"

„Du darfst nicht gehen!" rief Xaver und hielt den Scheidenden mit den schwachen Händen zurück.

„Bruder!" versetzte Peter gerührt, und sein Auge ruhte in entzückter Erregung auf dem bleichen Antlitz des Kranken.

In diesem Augenblicke stürzte die Schwester in's Zimmer und ängstlich stieß sie hervor: „Peter, hinweg! Gensdarmen und Soldaten sind vor der Thür; sie suchen Dich hier. Fliehe! vielleicht entkommst Du noch durch die Hinterthür."

„Du siehst, Xaver, ich bin geächtet," sprach Peter mit fester Stimme, in der sich dennoch ein Ton der Trauer verrieth. „Vergebt mir Alle. Tröstet die Mutter. Lebt wohl, vielleicht auf Wiedersehen!"

Mit diesen Worten eilte er zur Thür hinaus. Die geängstigte Liesel folgte ihm, während Xaver die Hände segnend erhob und das *Pax tecum* ihm nachrief. Er segnete die Flucht des Verbrechers. – Peter flog wie ein Hirsch, den die Meute aufschreckt, durch den Hof zur Hinterthür. Ein Geräusch vor derselben sagte ihm, daß auch diese bereits besetzt sei. Einen Augenblick stutzte er unentschlossen. Er war unbewaffnet. Sollten die Männer des Gesetzes ihn gebunden in die Residenz schleppen, daß Jeder zu seiner und der Seinigen Schande mit Fingern auf ihn zeige? Nein, nimmermehr! Er wollte dieser Schande den Tod vorziehen, vorher aber noch das Aeußerste wagen. Geräuschlos glitt er an der Gartenmauer entlang bis zum äußersten Winkel derselben. Mit Gewandtheit kletterte und schwang er sich hinauf und recognoscirte das Terrain vor sich. Hier war es noch still. Zwanzig Schritt davon standen Gensdarmen. Sein Besuch im Pfarrhause war also verrathen gewesen. Unter den Bäumen regte es sich auch; er unterschied im Dunkel die Pferde der Gensdarmen, die abgesessen waren. Das war seine Rettung.

Wie ein Marder glitt er die Mauer hinunter; fast unhörbar flog er zu den Pferden und hatte sie eben erreicht, als ein Weib ihm entgegensprang und umklammerte. „Hier! Gensdarmen, hier!" schrie das Weib, „hier ist er; er entkommt Euch!"

Waffengeklirr, Rufen, Laufen war die Antwort. Peter's Rettung hing an Sekunden, und mit entschlossener Ruhe wollte er sich diese Sekunden nicht entschlüpfen lassen. Er schleuderte das Weib mit Riesenkraft von sich, löste eins der angebundenen Pferde, schwang sich in den Sattel, und vorwärts ging es in die Nacht, als gälte es, den Sturm zu überreiten.

„Wilder," tönte der Waldeule vor Wuth gellende Stimme hinter ihm her, „sie fassen Dich doch; der Strick für Dich ist schon gedreht!" Also Martha war die Verrätherin. Ihre Rache hätte gelingen können und gelang vielleicht noch, wenn das fremde Roß nicht bis zum Walde Vorsprung behielt.

Das Getrappel und Schnaufen der Pferde, das Säbelgerassel der Verfolger klang hinter dem Flüchtigen, der bei seinem verwegenen Ritt die geebnete Straße vermied und über Hecken und Gräben mit verhängtem Zügel dahinging. Es war, als wenn die wilde Jagd dahinstob, und trotz der Gefahr pochte das Herz des kühnen Burschen in freudiger Erregung. Die Gefahr war sein Lebenselement. Der tolle Ritt gelang. Peter erreichte den Saum des schützenden Waldes. Welcher Verfolger hätte es unternehmen mögen, den Flüchtling, dem jeder Hohlweg, jeder Baum hier bekannt war, jetzt zu stellen? „Gebt Feuer!" hörte Peter die Gensdarmen einander zurufen. Einige Pistolen platzten los. Peter lachte hell auf, sprang vom Pferde, dem er die Freiheit gab, und schlüpfte in das Dickicht.

Die Gensdarmen fingen ohne viel Mühe das Pferd ein und brummten über den mißlungenen Fang. „Und den Gäulen läuft der Gischt vom Felle," seufzte der etwas feiste Wachtmeister verdrießlich; „da können wir uns morgen die Finger vom Leibe putzen."

„Ein Schwerenothskerl!" bemerkte der Sergeant mit dem großen, rothen Barte, „kommt er mir wieder in's Garn, ich schieße ihn ohne Federlesen zusammen!"

Im Pfarrhause aber betete Jemand inbrünstig zu Gott um die Rettung des wilden Peter. Es war der bleiche Pfarrer. Und als nach einer langen halben Stunde das Liesel in die Stube schlich und mit hochgehendem Athem flüsterte: „Er ist entkommen!" – da lächelte des jungen Geistlichen Antlitz und er warf einen dankbaren, gottergebenen Blick zur Decke empor.

X

Peter war entkommen, aber nur wie der Hirsch dem Gewehrlaufe des Schützen. Morgen lauert dasselbe Mordgewehr auf dasselbe Wild in jedem Busche wieder. Der Wilderer hätte Gelegenheit gehabt, sich jetzt noch aus der ihm so gefährlich werdenden Gegend des Heimathdorfes mit leichter Mühe zu flüchten. Er that es nicht; es war der trotzige Muth, die leidenschaftliche Lust der Gefahr, die ungebrochene Kraft, es war die noch immer helllodernde Liebe für Regina und – wie sauer es dem wüsten Mann ward, sich das Selbstgeständniß zu machen, – es war das stets lebendiger werdende, tiefe Gefühl für die greise Mutter, den bleichen Bruder und die treue Schwester.

„Ich wag' es!" rief er aufgeregt in den tiefen Wald hinein, und sein von wüster Begeisterung blitzendes Auge schweifte über die Wipfel der tausendjährigen Eichen, als fordere er diese Repräsentanten der Beständigkeit zur Zeugenschaft auf. „Ich wag' es, – weil ich muß. Ich will die fürstlichen Häscher in die unwegsamsten Schluchten locken und sie äffen, daß sie bei Nennung meines Namens knirschen sollen; ich will sie ermüden, daß sie mich aufgeben, und daß die bebrillten Räthe hinter ihrer Actenburg Respect kriegen sollen vor einem Manne, der Willens ist, um seine Freiheit zu ringen! Und ich mag nicht in der fernen Fremde unstätt umherschweifen, wenn im Gram – o, daß ich ihr's nicht mehr ersparen kann! – das Auge der alten Mutter bricht. Ja, wo man ihr Grab scharrt, soll meine Wohnstätte sein, dort will ich knien und beten; und das Beten kann mich nur Xaver lehren. In der Liesel künftigen Hausstand will ich hineinlauschen, um nicht zu vergessen, daß der Mensch auf Erden glücklich sein kann, und – Regina –?!" Der Wildschütz fuhr mit der Hand über die Stirn. Er warf sich unter eine alte Eiche, und die düsteren Gedanken, die er verfolgte, hätte man aus seinem Mienenspiel lesen können, wo der Ausdruck des bis zum Ingrimm gesteigerten Unmuths und trotzigen Hohnlächelns sich abmalte. Die Nacht meinte es gut, mit ihrem kühlen Athem die heiße Stirn des verworrene Pläne brütenden Wilddiebes zu umfächeln.

Der wilde Peter hielt Wort, seine Verfolger zu äffen. Wachtmeister Unke hatte die Gewohnheit, in verzweifelten Fällen sich mit seiner rechten Hand, wie mit einer Harke, den großen Bart zu bearbeiten, und seine barbarische Wangen- und Kinnzierde, auf die er stolz war, gerieth jetzt förmlich in Gefahr, zur Ruine zu werden. Der gefürchtete Gensdarmenwachtmeister, dessen Schlauheit, Gewandtheit und Unermüdlichkeit bisher noch kein Frevler der Gesetze entgangen, sobald seine Behörde ihn auf irgend Jemand „losgelassen", ward ein Gegenstand des öffentlichen Gespöttes. Wie oft und wie hoch und theuer er sich auch verschwor: ehe der neue Tag werde, solle der wilde Peter hinter Schloß und Riegel sitzen – stets kehrte er nicht allein resultatlos von seinen Streifzügen zurück, sondern es passirte ihm auch in den meisten Fällen, daß er beim Erwachen an der Thür seines Nachtquartiers die mit Kreide geschriebenen Worte fand: „Es grüßt Herrn Unke der bewußte Peter." Dieser Spottspruch war immer mit einem so künstlich verschlungenen Schnörkel versehen, daß eine lange Uebung des Schreibers vorausgesetzt werden mußte und sich nicht behaupten ließ, daß verschiedene Personen sich die hämische Aufzeichnung erlaubten, während Jedermann in der Umgegend an dem berühmten Schnörkel die Schrift des wilden Peter erkannte.

Wenn diese freche Verspottung begreiflicher Weise den Aerger des Wachtmeisters und seiner Leute schon bis zur Ueberreizung vermehrte, zumal, als der tolldreiste Flüchtling die Lacher auf seiner Seite hatte, so gewann diese Empfindlichkeit den Charakter des Hasses durch zwei Vorkommnisse, die in die nächsten Tage fielen. Wachtmeister Unke, der weder sich in seinem Diensteifer, noch seine Untergebenen schonte, kehrte eines Tages am hellen Morgen von einer Nachtpatrouille allein nach Weinheim zurück, wo er sein Standquartier genommen hatte. Er reckte sich im Sattel hoch auf, damit die zur Arbeit eilenden Dorfbewohner die Ermüdung des gestrengen Wächters der öffentlichen Ordnung ihm nicht anmerken sollten. Die Begegnenden grüßten ehrerbietig, doch glaubte der martialische Reiter hinter sich fortwährend ein Kichern zu vernehmen, ja er gewahrte beim halben Umschauen sogar, daß ihm ein Koppel junger Bursche folgte. Inzwischen langte er auf der

Dorfstraße an der Baustelle des alten Walter an, der schon zur Beaufsichtigung der Arbeiter bereit war.

Das Gemeindeoberhaupt glaubte zu dem Sicherheitsbeamten etwas sagen zu müssen und mit halber Stimme brachte er mühselig hervor: „Wohl wieder vergeblich, Herr Wachtmeister?"

„Der Teufel finde das Mauseloch," brummte der Gensdarm, „wo sich der Bursche wieder verkrochen hat! Ich möchte schwören, er ist über die Grenze!"

Die jungen Leute hinter dem Reiter kämpften vergeblich mit dem Ausbruch heftigen Lachens, und selbst als der Wachtmeister mit finsterer Miene sich nach ihnen umwandte, versuchten sie umsonst, ernst zu erscheinen.

Verdrießlich gab Unke seinem Rappen einen Schenkeldruck, um schnell weiter zu reiten, als der alte Walter ihm ein Halt nachrief.

„Wachtmeisterchen," raunte der Alte dem Gensdarmen zu und trippelte mit breiten Schritten auf denselben zu, „steigen Sie ab. Die Wetterjungen haben ihre Augen immer da, wo sie nicht hingehören: das ist auf dem Tanzboden so, wie es in der Kirche ist. Steigen Sie ab; Ihre Adjustirung befindet sich nicht in Ordnung. – Schlingels," rief er alsdann den Burschen entgegen, indeß nicht ohne denselben einen Blick des Einverständnisses mit ihrer Heiterkeit zu verrathen, „Schlingels, packt Euch an Eure Arbeit, oder Euch soll ein Himmelelement –!"

Der Wachtmeister sprang aus dem Sattel und trat hinter das in Errichtung begriffene Gemäuer, während der alte Walter enteilte, um von Frau Elsbeth eine Kleiderbürste zu holen. Herr Unke war in Folge seiner Dienstobliegenheiten von einer Art Manie behaftet, jede Sache seines Bereichs gründlich zu untersuchen; er benutzte daher die Abwesenheit des Schulzen, um die Kartousche abzulegen und den Waffenrock auszuziehen. Da las er auf dem Rückentheile in weißen Lettern: „Es grüßt Herrn Unke der bewußte Peter." Der stereotype Schnörkel fehlte nicht.

Der Wachtmeister ward bleich vor Zorn; er starrte mit blutunterlaufenem Auge auf das Merkmal der neuen Schmach und vergaß Alles, was um ihn geschah.

„Du hast Dein Todesurtheil geschrieben, Mordbrenner!" knirschte der Gensdarm mit wuthbebender Stimme hervor, als der inzwischen zurückgekehrte Walter ihm ängstlich den Waffenrock entriß und rief: „Jugendstreiche! ha! ha! ha! Jugendstreiche; kann keinen Hund damit aus dem Backofen locken!"

„Jugendstreiche!" wiederholte auch der Wachtmeister. „Ha! ha! ha! Ein capitaler Witz!" und er versuchte die bleichen, zu Stein gewordenen, finstern Gesichtszüge zu einem Lachen zu verzerren, aber der Steinblock giebt eben nur Meißel und Hammer nach.

Der alte Walter bürstete mit fieberhafter Emsigkeit den Rock ab und blinzelte entsetzt in das grauenhafte Gesicht des Gensdarmen, der mit Ungestüm in seinen großen Bart harkte.

Die Kreideschrift war fortgewischt, und Walter bürstete noch, aber er gewann mittlerweile Fassung.

„Werden erschöpft sein, Wachtmeisterchen," sprach er, „von der Nachtpatrouille. Gelt, wir trinken rasch einen Schoppen aus meinem Ducatenschluck-Fäßchen;" und vertraulich schmunzelnd stieß er dem Gensdarmen mit dem Ellenbogen leis in die Hüfte, um zu verstehen zu geben, daß das Ducatenschluck-Fäßchen einen Trank in sich fasse, der für jede Kaisertafel edel genug sei.

Der Wachtmeister bat sich die Ehre für ein anderes Mal aus, brachte seinen Anzug in Ordnung, schwang sich auf den ermüdeten Gaul und sorcirte denselben zum Galop.

Der alte Walter schob, nachschauend, sein Mützchen nach links und rechts; er war sehr ernst und nachdenklich geworden und bemerkte es nicht, daß er „kalt rauchte".

„Du hast Dein Todesurtheil geschrieben!" murmelte er fortwährend vor sich hin. „Ein Teufelsjunge der Peter! Wie er es angestellt haben mag, dem Wachtmeister den Vers auf den Rücken zu malen! Ein Blitzkerl! Aber ein Unglück giebt's. Der Himmel erbarme sich der armen Mutter Elsbeth!"

Ganz Weinheim lachte bis zum späten Abend. Es war von nichts Anderem die Rede, als vom wilden Peter, und die kecksten Bursche bemerkten mit einem gewissen Stolz: „Ja, die Gensdarmen sollen es erst erfahren, was es heißt, einen Weinheimer kirre zu machen!"

Obgleich Peter auch für die Bewohner des Dorfes seit Wochen verschwunden geblieben war, so wollte sich jetzt jeder Einzelne besinnen, den kühnen Mann hier oder dort gesehen zu haben. Der Eine hatte ihn beobachtet, als er um die Pfarre schlich, der Andere, wie er sich längs der Dorfgärten gedrückt habe, ein Dritter hatte ihm sogar zugerufen: „Guten Abend, Peter!" aber keine Antwort erhalten.

Die Aufregung ob des verwegenen Mannes wuchs, als man nächsten Morgen die Waldeule unweit des Dorfes, wo zwei Schluchten sich kreuzen, an dem dort befindlichen Wegweiser festgebunden fand. Ueber dem wuthschnaubenden Mädchen stand mit Kreide geschrieben: „Für Verrath und Spionage!" Auch diesen Worten fehlte der bekannte Schnörkel nicht. Das Weibsbild erzählte, daß der wilde Peter sie während der Nacht in den Bergen überfallen, hierhergeschleppt und zum Prangerstehen verurtheilt habe.

Der Sohn des Hufschmieds, der bei den Dragonern als Trompeter gestanden und sich einer poetischen Ader rühmte, machte ein Spottlied auf die Gensdarmen und erfand zugleich eine Melodie dazu. Ehe es Mittag war, fand man keinen Burschen, kein Mädchen, kein Kind, die das neue Lied nicht gesungen hätten.

Dies Alles entging dem Wachtmeister und seinen Untergebenen nicht, und man war einig, all diese Schmach an den Wilddieb und Mordbrenner zu rächen. Wachtmeister Unke sollte jedoch vorher noch eine empfindliche Bitterkeit erfahren. Von seiner vorgesetzten Behörde lief ein Schreiben ein, in welchem man der Unzufriedenheit über die Saumseligkeit und Nachlässigkeit des Wachtmeisters herben Ausdruck gab. Man habe ihn, den Wachtmeister, im Vertrauen auf die bisherige Umsicht und Thätigkeit zur Entsendung gegen die Wilddiebe besonders ausgewählt. Anstatt von Erfolgen zu hören, seien nur fortgesetzte Wildfrevel zu beklagen, und dem Fürsten sei noch vor wenigen Tagen sein Lieblingshirsch im Reviere Schmolenbergen weggeschossen worden. Das Monitum schloß mit einer schneidigen Drohung.

Dieser unverdiente Tadel schlug bei Unke, wie man zu sagen pflegt, dem Faß den Boden aus. Der Wachtmeister unterzog sich übermenschlicher Anstrengungen, und in dem Gensdarmerie-Detachement galt bei den Zügen gegen den wilden Peter von jetzt ab als Parole: Lebendig oder todt.

Es ist selbstverständlich, daß Peter ein gewisses Behagen über das Gelingen seiner tollen Streiche gegen die Häscher empfand; dennoch verfinsterte sich sein Gesicht mehr und mehr. Es ist unsäglich schwer, allein umherzuschweifen und am Abend nicht zu wissen, wohin man für die Nacht das müde Haupt legt; aber die Entbehrung dinglicher Bedürfnisse läßt sich überwinden. Unerträglich erscheint es, allen Bedürfnissen des Gemüthes entsagen zu sollen. Der nomadisirende Zigeuner, der sich mit der Wohnstätte des Zufalls begnügt, kann glücklich sein: er führt seine kleine Welt des Gemüths, seine Familie, mit sich. Wehe aber Dem, dem die weite Welt zur Zelle der Einzelhaft wird. Die Sonne ist der Kerkermeister, der schweigend zum Aufstehen mahnt; er weist hinaus nach den Kerkerwänden, die sich am Abschluß des Horizonts aufbauen, und in all der Weite die Leere! Kein Herz in dem ganzen All, das dem unglücklichen Gefangenen den Morgengruß, Niemand, der ihm den Morgentrunk biete, Niemand, der ihm ein Mahl bereite, Niemand, der ein Wort, sei es ein freundliches oder ein strenges, der lechzenden Seele entgegentrage. Alleinsein in der Leere, die mit den Liedern der Vögel, dem Rauschen der Baumgipfel, dem Murmeln des Baches, mit den friedlichen Hütten, aus deren Schornstein der Rauch emporwirbelt, das Gefühl des Alleinseins nur schmerzlicher empfinden läßt.

Peter wich kaum noch einem Kampfe mit den Häschern aus, dem er hätte unterliegen müssen. Es fuhr ihm nicht selten der Gedanke an Selbstmord durch die Seele; aber seine moralische Kraft war noch nicht gebeugt genug, oder vielmehr sein Trotz gegen die gesellschaftlichen Gesetze und deren Wächter noch nicht gebrochen, um zu einer Verzweiflungsthat dieser Art zu greifen.

Er hatte seit dem Abend jener Flucht, die ihn fast in die Hände der Dragoner geliefert, vermieden, Weinheim zu betreten; er hatte es mehr um die Ruhe der Seinigen willen, als um seine Sicherheit gethan. Es war ein unausgesetzter Kampf mit sich selbst, um dieser Vorsicht treu zu bleiben; denn die Sehnsucht, seine Angehörigen zu sehen, ein Wort ihrer Stimmen zu hören, zehrte ihn fast auf. Auch Regina's Bild gaukelte fortwährend vor seinem geistigen Auge. Auf den nächsten Mittwoch fiel der Namenstag einer alten Muhme dieses Mädchens, und Regina pflegte diese Verwandte, die im nächsten Städtchen wohnte, an diesem Tage zu besuchen. Peter entschloß sich, die sicheren Verstecke der wilden Waldschluchten zu verlassen, um an der Heerstraße die Begegnung mit Regina zu erlauern. Bereits vor dem Morgengrauen hatte er sich an einer Stelle der Straße, wo sie sich durch den Wald zieht, und wo sie einige Verstecke bietet, ein Plätzchen gewählt, das ihn dem Auge der Vorübergehenden entzog und dennoch einen Blick über eine längere Strecke des Weges gewährte. Außerdem hatte dieser Punkt den Vortheil, daß die Straße in nächster Nähe, wo sie einen scharfen, rechten Winkel bildet, steile Bergschluchten berührt, die eine vielleicht nothwendige Flucht des Wilderers begünstigt hätten.

Der Herbstmorgen war trübe. Graue Wolken lagerten über den Wipfeln der Bäume; ein feuchter Wind schüttelte das Laub, das sich schon buntgefärbt hatte. Ein Arbeiter kam mit schwerfälligem Schritt die Straße daher und verschwand bald in der rechtwinkligen Biegung. Einzelne Züge krächzender Krähen rauschten über den Bäumen hinweg; ein einzelner Singvogel ließ dann und wann ein Piepen vernehmen. Sonst unterbrach die tiefe Stille Nichts.

Peter harrte Stunden lang. Er überdachte sein Loos; er philosophirte, und nach Art der vom Elend gehetzten Menschen mit beschränktem Gesichtskreis, sprach er sich der Hauptsünden los und wälzte sie auf die Schultern Anderer. Regina hatte ihn elend gemacht, während sie ihn zum besten der Männer hätte umschaffen können; und er würde mit all seiner großen Liebe zu ihr ihre Zuneigung endlich gewiß erworben haben, wenn nicht Johannes dazwischengetreten wäre, dieser geschniegelte, flatterhafte Bube. Und als Peter stets neue Momente entdeckt, das Schuldbuch des armen Johannes zu belasten, ward der Moralist auf ein Geräusch aufmerksam, das durch einen herbeirollenden Wagen verursacht zu sein schien. Das gute Gehör des Wilderers hatte sich nicht getäuscht, das Rollen wird deutlicher und nähert sich in rasender Schnelligkeit. Peter stutzte. Wer außer ihm, hatte eine derartige, ungemessene Eile nöthig? Es mußte ein absonderlicher Fall die Pferde treiben. Bald wird der Wagen sichtbar. Das Fuhrwerk wird nach rechts und links geschleudert; die Rosse sind herrenlos oder gehen mit ihrem Führer durch. Peter glaubt, die beiden jungen, braunen Hengste zu erkennen, die Johannes' Stolz waren. Das treffliche Auge des Wilderers erkennt jetzt auch Johannes selbst, der, bleich und verstört, vergeblich alle Kräfte aufwendet, um die rasenden Thiere zu zügeln. Peter wirft einen Blick auf die Biegung des Weges zu seiner Linken und denkt an den Abgrund, der sich dorthinten aufthut. Die Pferde stürzen sich dort hinein, oder schleudern bei der scharfen Biegung den Wagen in die Tiefe: Johannes ist verloren. „Sein Schicksal hat ihn selbst verurtheilt!" brummt Peter, aufgeregt vor wilder Schadenfreude, für sich; aber in demselben Augenblicke malt ihm die Erinnerung das brennende Haus Walter's und den todtwunden Bruder vor die Seele. Der gewaltige Mann springt empor, wirft sich entschlossen den Rossen, die soeben vorüberschnaufen wollen, in die Zügel und, wiewohl sie ihn eine Strecke dahinschleifen, bringt er die unbändigen Thiere wenige Schritte vor dem offenen Graben zum Stehen.

Johannes, als er seinen Retter erkennt, ist keines Wortes fähig, und der Wilderer, der von der Anstrengung hoch aufathmet, spricht: „Wir sind quitt, Johannes!" Mit stolzem Schritt entfernt er sich in's Gebüsch. Johannes erholt sich schwer aus seiner Bestürzung. Der trotzige Peter war seinem Auge schon längst entschwunden, als er daran dachte, seinen Dank auszudrücken. Von Erstaunen und Erkenntlichkeit bezwungen und überall umherspähend, leitet er die Pferde, dieselben beim Kopf fassend, vorsichtig weiter.

Peter hatte inzwischen sein voriges Plätzchen wieder aufgesucht. Er fühlte sich durch seine Gutthat im Gemüthe erleichtert, und das Abenteuer verlieh seinem Ideengang eine neue Richtung. „Aber," fragte er sich plötzlich, „weshalb fährt Johannes gerade an diesem Tage diesen Weg? Hat er eine Verabredung mit Regina getroffen, und sind die Beiden wieder ausgesöhnt?" Die Eifersucht begann das verbitterte Gemüth Peter's zu durchwühlen. Er bedurfte auch in dieser Richtung eines neuen Martyriums. Ihm erschien seine That der Rettung wie ein Frevel gegen sich selbst, und er schmähte sich, menschlich gehandelt zu haben. Regina sollte Auskunft geben, wenn er sie nachher sehen würde, und das Mädchen blieb so lange aus! Ein neues Geräusch weckte den wüsten Träumer aus seinen wilden Gedanken. Gensdarmen kamen von der Seite her, die Johannes eingeschlagen hatte. Die Häscher suchten das Terrain ab, sie ritten theils, den Karabiner auf den Schenkel gestützt, theils gingen sie zu Fuß einher, das Gebüsch durchsuchend. Ein Gefühl der Wuth trieb Peter das Blut in's Gesicht: Johannes ist ein Verräther seines Retters!

Der Wilderer sah ein, daß ein Entrinnen unmöglich war, da die Gensdarmen den Zugang zu den Schluchten abgeschnitten hatten, während das Terrain nach rechts nur in lichter, ebener Waldung sich ausdehnte. Er entschloß sich, Freiheit oder Leben theuer zu verkaufen. Leise machte er seinen Stutzen schußgerecht und unternahm den Versuch, sich davonzuschleichen. Längere Zeit blieb er seinen Verfolgern verborgen. Da wirft das scheugewordene Pferd eines Gensdarmen seinen Reiter ab. Die Beamten laufen zusammen, um dem Kameraden, wenn nöthig, beizustehen, und der Zufall läßt hierbei den Wilderer entdecken. Ein Freudenschrei durchhallt die Luft, und die Hetze beginnt.

Die Verwegenheit und fast übermenschliche Gewandtheit Peter's läßt ihn einen Vorsprung gewinnen; aber zuletzt wird er unterliegen müssen. Der Eifer der Häscher wächst von Minute zu Minute; der Wachtmeister Unke wird durch seine Umsicht und den leidenschaftlichen Haß dem Flüchtling doppelt gefährlich. Nach mehrstündigem Jagen weiß sich Peter umstellt. Er wählt sich in einem Versteck eine sichere Rückendeckung und erwartet, den Stutzen zur Hand, seine Feinde, entschlossen, vor dem Aeußersten nicht zurückzuschrecken.

Immer mehr schließt sich der Kreis um ihn, doch geschieht die Annäherung vorsichtig, weil die Gensdarmen hinter jedem Gesträuch, hinter jedem Baumstamm den gefürchteten Wildschützen vermuthen. Einer der Gensdarmen, der zu Fuß, schleicht in grader Richtung, seinen Kameraden voraus, auf den Versteck Peter's zu. Immer näher tritt der Verfolger, schon befindet er sich in sicherer Schußweite. Der Wilderer mustert durch das ihn verbergende Laub den Ankömmling; es war ein junger Mann mit einem frischen, ehrlichen Soldatengesicht. Peter hatte den Fremden, der vielleicht daheim Weib und Kind, vielleicht auch – Mutter und einen todtwunden Bruder besaß, nie gesehen; aber – der Wilderer hebt geräuschlos seine Büchse und legt den Kolben zum sicheren Zielen an die Schulter. Bis zehn wollte Peter zählen und alsdann losdrücken. Eins, zwei, drei, vier, fünf, sechs – sieben – – der Gensdarm verändert die Richtung; er wendet sich etwas nach rechts und kennt also den Versteck des Wilderers nicht. Peter athmet tief auf und zieht den Stutzen langsam von der Wange. Noch zehn Schritte ist der

Gensdarm entfernt, da macht der Unglückliche einen Bogen – in der nächsten Minute steht er vor Peter. Der Häscher erschrickt, doch ehe er einen Laut von sich gegeben, sitzt die eiserne Faust des Wilderers an seiner Kehle. Der Gensdarm wird bei Seite geschleudert; der Weg nach den Schluchten ist offen.

Das Geräusch hat die übrigen Häscher aufmerksam gemacht; man sieht den Wilderer dahineilen. „Feuer!" commandirt der Wachtmeister. Einige Schüsse erkrachen und hallen wieder im mehrfachen Echo, doch der Wildschütz blieb unverletzt.

Peter entkam abermals.

Der Gensdarm, den Peter's Fäuste gepackt gehabt, erholte sich nur schwer wieder. Zwei andere geleiteten ihn nach seinem Quartier; die übrigen Leute theilten sich ab zu Streifpatrouillen. Der Wachtmeister erklärte mit fast weinerlicher Stimme: „Für heute ist nichts mehr zu thun."

Peter kümmerte sich, sobald er die Schluchten erreicht hatte, wenig um seine Sicherheit. Er befand sich hier auf einem Boden, der ihm so bekannt war, als dem Nachtwächter sein Stadtrevier, und er wußte, daß es einer Compagnie Soldaten bedurft hätte, um ihn von hier aus dem letzten Schlupfwinkel zu vertreiben. Er freute sich aber seiner Rettung kaum: er hatte vorhin auf einen Menschen gezielt, und wäre der Unglückliche noch einen Schritt vorwärts getreten, so lastete jetzt ein Mord auf Mutter Elsbeth's Sohn. Ein Mord! Peter war zerknirscht.

Während der fürchterlichen Jagd auf einen Wildfrevler war Johannes auf Umwegen nach Weinheim zurückgekehrt. Der arme Bursche war auf seiner Tour den Gensdarmen begegnet, die ihn examinirten, ob sich eine Spur vom wilden Peter zeige. Johannes hatte Lügen ersonnen, um die Gensdarmen zur Umkehr zu bewegen, sein verdächtiges Benehmen aber hatte den Wachtmeister bestimmt, sofort alle Anordnungen zur gründlichen Aufstöberung zu treffen. Johannes war demnächst, ohne sein Reiseziel zu erreichen, auf einem andern Wege nach Hause zurückgefahren. Er wußte daß Peter verloren sein mußte, und als er mit den schweißtriefenden Pferden in Weinheim anlangte, suchte er den alten Walter auf, um demselben die trübe Mähr mitzutheilen. Dieser hielt es für seine Pflicht, Mutter Elsbeth auf diesen Schicksalsschlag vorzubereiten.

Frau Elsbeth stieß kein Unnützes Jammern aus. Laut- und thränenlos band sie sich eine Hülle um den Kopf und richtete, alle Begleitung abwehrend, ihren Weg nach der Heerstraße im Walde.

„Mutterseelenallein" heißt ein altes Wort. Ja, eine Mutterseele schlägt Wege ein, die Niemand voranging, auf denen Niemand zu folgen vermag – es sei denn eine Mutter.

Was wollte die alte Frau im Walde? Den Sohn vertheidigen? Ihn verfluchen? Nein, sie wollte ihm der Mutter Verzeihung in den Kerker mitgeben, das letzte Vermächtniß. –

Der Wilderer saß mit gebrochenem Muthe in einer Felskluft. Das Bild der warnenden Mutter, des bleichen, mahnenden Bruders standen so lebhaft vor seiner Seele, und er schlug seine Augen schamvoll nieder; war aus dem Wildfrevler nicht der Mörder geworden? Der reuige Mann litt unter entsetzlichen Qualen. „Fort von hier!" rief es in ihm, „bezwinge deinen Trotz und rette das ruhige Dasein der Deinen. Fort! fort!"

Der Regen strömte aus dem grauen Gewölke nieder, die Laubkronen trommelten leise, eine Waldtaube knurrte. „Peter! Peter!" schallt es entfernt. Es ist eine Stimme, bei der des Wilderers Herz erhebt.

„Es ahnt sich 'was!" spricht der weichgewordene Mann. „Sie stirbt – die Mutter stirbt – aber noch ist meine Hand nicht besudelt von Menschenblut!"

„Peter! Peter!" schallt es wieder.

Der Wilderer springt auf; er gleitet wie eine Gemse über die Felsblöcke, er ruft mit einer vom Aufschluchzen durchzitternden Stimme: „Mutter, meine Mutter!"

Er findet sie, er schluchzt jetzt laut auf und fällt der alten Frau mit niedergebeugtem Haupte zu Füßen.

„Mein Sohn," sagt die Greisin und umarmt den aufgeregten Mann, „sie haben Dich nicht! Gott Lob! Aber sie fassen Dich morgen oder übermorgen Peter, ich vergehe vor Angst und Schmerz!"

„Sie kriegen mich nicht, Mutter. Ich gehe 'naus in die Welt, wo ihr Arm nicht hinreicht. Schlafe fürderhin ruhig und lächle die Tage an. Ich bringe Dir keine Schande mehr; aber gieb mir Deinen Segen für den Weg in die Fremde!"

„Du willst uns verlassen?"

„Ich muß!"

„Ich begreife es."

Die Alte verzog ihr liebes Gesicht zu einem krampfhaften Weinen, sie legte beide Hände auf des Sohnes Haupt, auf das die Thränen aus ihren Augen perlten. So verblieben die Beiden lange.

„Stehe auf, Peter!" sagte dann die Alte gefaßt. Er erhob sich; Mutter und Sohn drückten sich in die Arme.

„Lebe denn wohl!" flüsterten Beide unter innigem Kusse sich zu. Dann schieden sie gefaßt.

XI

Es waren wieder einige Wochen im Laufe der hier erzählten Begebenheiten verschwunden, und die Verhältnisse in Weinheim hatten sich in Rücksicht hierauf wesentlich umgestaltet. Die Brandstätte von Walter's Gehöft war in eine Baustelle umgewandelt, wo Stein an Stein sich zu einem respectablen Bau fügte und hoffen ließ, daß die Besitzer noch vor Beginn des Winters die neuen Räume beziehen könnten.

Die Verheerungen, die die Feuersbrunst an der Kirche angerichtet, hatten sich bei näherer Untersuchung weniger bedeutend erwiesen, als man anfänglich befürchten zu müssen geglaubt. Und der größere Theil des Kirchenschiffes konnte binnen einiger Wochen wieder so weit hergestellt werden, daß in demselben der Gottesdienst abgehalten zu werden vermochte. Freilich rief kein Glockenklang die Andächtigen zur Kirche, freilich fehlte der Orgelton beim feierlichen Amte, doch das waren Schäden, die der heiligen Handlung selbst keinen Abbruch thaten.

Xaver's Zustand rückte merklich der völligen Genesung entgegen, und Mutter Elsbeth war bereits wieder im Stande, die alleinige Pflege des Sohnes zu übernehmen.

Von Peter wußte man nur, daß er wieder den Gensdarmen entronnen war; über seinen jetzigen Verbleib fehlte jede Nachricht. Die Häscher hatten die Vergeblichkeit weiterer Bemühungen, den wilden Peter in dieser Gegend zu ergreifen, bald eingesehen und beunruhigten das Dorf mit ihrer Gegenwart nicht mehr.

So schienen sich alle Verhältnisse der ehemaligen Ausgleichung der Ruhe entschieden hinzuneigen, nur blieben Regina und Johannes davon ausgeschlossen. Der Riß, der sich zwischen ihnen geöffnet, schien sich nie wieder schließen zu wollen.

Dem offenherzigen, alten Walter war das Schmollen, wie er den Zwiespalt der Verlobten nannte, eine unerträgliche Sache. Er gab seiner Tochter im Scherz und Ernst häufig seinen Wunsch zu erkennen, daß es hohe Zeit sei, die Possen aufzugeben. Und als er

eines Tages in strengen Worten den „juchtenledernen Eigensinn"
Regina's zu zerreiben gedachte, antwortete das Mädchen mit Ent-
schiedenheit: „Mit mir und Johannes ist es aus – ein für alle Mal
aus!"

„Eiszapfen, spröde Eiszapfen, mit denen die Verliebten thun, als
wären Herz und Blut erfroren."

„Keine Eiszapfen, Vater, sondern ein schwerer und unumstoßba-
rer Entschluß, den meine Frauenehre forderte. Ich weiß, was Dein
Kind sich schuldig ist."

„Hm! hm!" brummte der Alte verwundert. „Also pfeift der Wind
aus dieser Gegend. Sprichst Du mit Ueberlegung, meine Tochter,
so muß Dein Vater wissen, in welchem Ofen Du das Gargebackene
hast. Erzähle, ich höre."

„Bestehe nicht darauf. Ich kann es Dir nicht sagen!"

„I, sieh' mal an. Nun vernimm denn: Du denkst mit leeren Flausen
groß Schlemm zu spielen. Meine Meinung ist das nicht, und ich
erkläre Dir hiermit: entweder machst Du bis Weihnachten mit Johannes Hochzeit, oder Du giebst mir sofort Deine Bedenken kund;
und dabei bleibt's!"

„Ich vermag weder das Eine, noch das Andere zu thun. Und Johannes selbst kann, wenn er nur einen Funken von Gewissen in sich
hat, mich nicht heirathen wollen. Und Du siehst ja auch, daß er
mich meidet. – Dort kommt er eben; dass ist zur rechten Zeit; jetzt
frage ihn und höre aus seinem eigenen Munde, daß wir uns nicht
angehören können."

Der Alte lief an's Fenster und riß den Flügel auf. „Heda! Johannes!"
rief er, „tritt 'mal ein Augenblickchen näher, hab' ein Wort mit Dir
zu sprechen."

Regina hatte sich inzwischen aus dem Zimmer entfernt.

Johannes trat ein. Walter fixirte den jungen Burschen scharf. Es
war mit demselben eine auffallende Veränderung vorgegangen,
was der Alte bei seinen Baugeschäften bisher nicht bemerkt hatte.
Die frühere Heiterkeit des Leichtsinns und der Lebenslust hatten sich auf den Gesichtszügen verloren und einem Anflug von
Schwermuth Platz gemacht. Die sonst so lebendig rollenden Augen
lagen stumpf und verschleiert in den tiefen Höhlen. Ein schwerer
Herzenskummer war dem Jüngling auf die Stirn geschrieben.

Walter starrte seinen Gast an und kam nicht zu Worte.

„Was wünscht Ihr, Vater Walter?" begann Johannes endlich mit gepreßter Stimme.

„Junge!" platzte jetzt der Alte los, „Du bist wohl in der Hungerschlucht auf Mast gewesen? Ich erkenne Dich kaum wieder, wenn ich Dich wie ein Gensdarm auf's Visir nehme. Drei Kreuze und ein Paternoster! was soll das heißen? Aber hör' mal, Schlingel, was züchtest Du denn außerdem für Heuschreckenbrut? Die Regina thut ja, als wärst Du der leibhaftige Gottseibeiuns. Sie meint, ich möge Dich nur fragen, ob sie Dich noch heirathen könnte."

Ein schmerzliches Zucken flog über des armen Burschen Gesicht, doch er faßte sich gewaltsam schnell wieder und sagte frei:

„Jungfer Regina hat Recht, wenn sie mich nicht mag, und ich bin der schuldige Theil."

„Nun gehn mir meine fünf Sinne aus! Johannes, Du bist ein braver Kerl; ich hab' es erlebt: Du warst es, der den Herrn Pfarrer aus der Kirche holte, und Du mußt wissen, was Du sagst und thust; aber wenn ich ein Tipselchen von dem verstände, was zwischen Dir und Regina vorgefallen ist, so nenne mich einen Nachtwächterhund, so lange ich lebe. Du stehst da wie ein Stockfisch, und die Regina ist verschlossen wie die Truhe des Nibelungenschatzes."

„Wenn Eure Tochter über den Grund schweigt, so thut sie es aus Schonung für mich. Glaubt es aber, Vater Walter, daß die Regina kein Vorwurf trifft und fragt sie nicht mehr. Wenn Ihr aber den Grund wissen wollt, weshalb mich Eure Tochter verschmäht, so bin ich bereit, ihn Euch allein anzuvertrauen. Dann mögt Ihr selbst urtheilen –"

Johannes' Fassung schien zu Ende zu sein; denn er wandte sich kurz um und verließ ohne Gruß das Zimmer.

Der Alte blickte ihm kopfschüttelnd nach. –

Am nächsten Sonntagvormittage hatte der Postbote die Zeitungen im Pfarrhause abgegeben. Mit diesen Journalen empfing Xaver auch das Amtsblatt auf den Wunsch Walter's. Letzterer war kein besonderer Freund von Lectüre, und da ihn sein Amt als Dorfschulze zur Kenntnißnahme der in dem genannten Blatte enthaltenen dienstlichen Verordnungen und Bekanntmachungen Verpflichtete, so hatte er an Xaver die Bitte gerichtet, beim Zeitungslesen auch einen Blick in das Amtsblatt zu werfen und ihn auf dasjenige aufmerksam zu machen, was für das Schulzenamt von Interesse erscheine.

Der junge Geistliche, der während seiner Reconvalescenz in den Journalmittheilungen eine anregende Abwechselung während des ziemlich einförmigen Verlaufs der Tagesstunden fand, widmete sich auch heute alsbald dem Lesen der Zeitungen und gelangte schließlich bis zur Durchsicht des Amtsblattes. Plötzlich stieß er einen leisen Schreckensruf aus, und das Blatt entsank seiner Hand.

Die Mutter, die in einer Nebenstube thätig war, steckte ihren Kopf durch die Thür und fragte: „Riefst Du nicht, Xaver?"

„Ich wollte Dich bitten," erwiderte Xaver, der sich wieder gefaßt hatte, „den Kirchgang nicht zu versäumen und den Vater Walter zu ersuchen, daß er nach Tische einen Augenblick zu mir kommen möge."

Frau Elsbeth wollte zwar gegen ihre Entfernung einige Einwendungen machen; aber sie ergab sich bald dem wiederholt ausgesprochenen Wunsche des Kranken, da ohnehin ihrem frommen Gemüth bei den vorliegenden Verhältnissen ein Kirchgang bei der fast wunderbaren Rettung Xaver's fast eben so nöthig erschien, als die Consultation eines berühmten Arztes.

Kaum war sie gegangen, als sich Xaver, der sich nunmehr allein befand, von seinem Lager erhob. Das Aufstehen bei den geschwächten Kräften verursachte viel Mühe, aber es gelang. Er kleidete sich nothdürftig an und schleppte sich bis zum Schreibtisch und begann, einen Brief aufzusetzen. Der schmerzliche Gesichtsausdruck wich während des Schreibens allmälig, und als er endlich die Feder aus der Hand legte, um den Brief einzuschließen, fiel sein Blick mit frommer Innigkeit auf das leidensvolle Bild des gekreuzigten Erlösers, das ihm noch nie so erhaben, aber auch noch nie so mahnend erschienen war, als in diesem Augenblick.

Später kam die Mutter mit dem alten Walter zurück; sie fanden den jungen Geistlichen bereits wieder auf seinem Lager. Ernst und still reichte er dem Gaste die Hand und lud ihn ein, sich zu ihm zu setzen. Walter ahnte aus diesem Empfange, daß dieser Einleitung etwas Absonderliches folgen werde.

„Lieber Freund," begann Xaver ruhig, obgleich die Anstrengungen, die ihm die Selbstbeherrschung kosteten, sichtbar waren, „lieber

Freund, Sie ersuchten mich, Sie auf die Mittheilungen des Amtsblattes aufmerksam zu machen, die für ihre Obliegenheiten als Ortsvorsteher von Interesse seien." Der Greis nickte.

„Nun wohl, es liegt heute eine Anzeige vor, die nicht allein dienstlich Sie angeht, sondern uns Alle sehr nahe berührt. Gute Mutter, Dir wird die traurige Nachricht nicht verborgen bleiben können, deshalb ist es besser, Du erfährst dieselbe sofort und durch mich: unser Peter wird als Wilddieb und als der Brandlegung verdächtig steckbrieflich verfolgt."

Frau Elsbeth verbarg ihr Gesicht in den Händen und schluchzte laut.

Der alte Walter schob sein Käppchen zwischen den Fingern hin und wieder und meinte: „Ich wußte es schon lange, der Gensdarm hatte es mir gesagt; aber ich glaub' nicht daran. Zwar will die Martha ihn aus dem brennenden Gehöft haben flüchten sehen, und zwei Handwerksburschen sagen aus, sie haben ihn unter verdächtigen Umständen während des Brandes, im Gebüsch lauernd, gefunden. Aber die Martha ist, wie Jeder weiß, ein verwahrlostes Weibsbild, und die Burschen konnten bis jetzt mit Peter nicht confrontirt werden, und sie haben sich vielleicht in der Person geirrt."

„Ich danke Ihnen, braver Freund," versetzte Xaver und reichte dem Alten die Hand; „Sie theilen meine Ansichten über die Unschuld Peter's an diesem Verbrechen, und es erleichtert meinen Kummer, Sie in dieser Weise sprechen zu hören. Und für Dich, arme, geprüfte Mutter, wird es ein Trost sein; unschuldiges Leiden führt ihn ja näher, der am besten weiß, was uns Noth thut."

„O, mein Gott," schluchzte Elsbeth jetzt auf, „Martha hat nicht gelogen, und die Handwerksburschen irrten sich nicht. Ja, die Last muß von meiner Brust herunter – Peter – ja Peter – ist der Brandstifter – ich habe ihn selbst gesehen!"

„Mutter, Du?"

„Ihr habt ihn gesehen?"

So fragten Xaver und Walter, tief erschrocken, gleichzeitig; denn vor dem Zeugnis der eigenen Mutter konnte der letzte Zweifel nicht bestehen.

Sie erzählte, die Hände ringend, ihr Begegniß mit Peter beim Ausbruch des Brandes, und das Räthsel löste sich nunmehr, auf welche

Weise das Vieh dem Flammentode entgangen war; dieser Punkt erhärtete nur um so mehr die Ueberzeugung von der Schuld des Verdächtigten.

„Schlagt Euch das mißrathene Kind aus dem Sinn, Mutter Elsbeth," versuchte Walter zu trösten; „besitzt Ihr doch noch zwei Kinder, die Euch überreichlichen Ersatz für das Leid um den Einen gewähren werden."

Xaver aber heftete mit zuversichtlicher Seelengröße den Blick auf die Mutter und sprach: „Verzage nicht, Du tiefgebeugtes Weib! Gottes Heimsuchungen sind das läuternde Feuer, das unsere Seele von irdischen Schlacken löst. Und theile Du meine Zuversicht, daß Peter nichtschuldig an dem Verbrechen der Brandstiftung ist. Als er Abschied nahm, sah ich tief in sein Herz. Sein heißes Blut vermag ihn zu unüberlegten Handlungen hinzureißen; zum Heuchler wird es ihn nie machen. Erwäge alle Umstände genau, geliebte Mutter, und vielleicht entdeckst Du, daß Deinem Verdachte lediglich eine allerdings sehr gerechtfertigte Vermuthung hauptsächlich zu Grunde liegt. Ich fühle übrigens die ganze Wucht der Heimsuchung, die ein höherer Wille über uns verhängt. Es liegt ein Fingerzeig für mich darin, dessen ich bedurfte, um einem schönen Traume, der mich an das Irdische vielleicht allzusehr knüpfte, zu entsagen. Ich fühlte es gleich beim Eintritt in mein Amt als Seelsorger hiesiger Gemeinde, daß die Selbstvertrauenskraft mir fehlte, daß meine Seele nicht gehärtet genug war zu den Erfordernissen praktischer, seelensorgerischer Pflichterfüllung. Ich war zu schwach, damals aus dem Amte sofort zurückzutreten, das mich in den Kreis der Meinen geführt hatte und mich fast Vergessen machte, daß ich keiner andern Familie angehören darf, als der der Heiligen, daß mir keine andere Heimath gehört, als die über den Sternen. Die strenge Mahnung gegen meine Gewissenspflicht schärfte ihre Spitze gerade in den Verhältnissen, die mein Gewissen einschläferten. Der Makel, der jetzt an meinem Namen haftet, scheucht mich von der Kanzel; ich werde mir wieder selbstbewußt und werde den Weg zurückfinden, den ich in irdischer Schwachheit zu verlassen so nahe daran stand. Ich kann nicht länger Pfarrer bleiben. Dort liegt bereits mein Entlassungsgesuch auf dem Tische, und der Bischof wird meinen wohlbegründeten Wunsch genehmigen und mir erlauben, daß ich in den Orden der barmherzigen Brüder eintrete."

Die Gegenvorstellungen Walter's und die Bitten der Mutter, um Xaver zur Aenderung seiner Absicht zu bewegen, erwiesen sich als nutzlos. „O," rief der junge Priester flehend aus, „haltet ein mit Euren Bitten, damit meine Pflichttreue nicht das häßliche Aussehen der Hartnäckigkeit erhalte!"

Der Brief an den Bischof wurde noch an demselben Abend befördert.

XII

Eine beträchtliche Entfernung von Weinheim, den Rhein hinauf und an diesem Strome, liegt inmitten einer Gebirgslandschaft eine größere Stadt. In derselben berühren sich, was Sitte und Kirche anlangt, die Gegensätze schroff.

Vielleicht nirgends im ganzen deutschen Vaterlande findet man, wie hier, eine ausgelassenere Lebenslust, die sich an dem feurigen Rebensaft täglich neu entzündet, wovon die unzähligen, bis in die späte Nacht vom Jubel der Zecher widertönenden Weinstuben Zeugniß geben; nirgends aber auch steht, wie hier, dieser Leichtlebigkeit ein strengeres Kirchenwesen, ein so fortwährendes Glockengeläute, das zu Andachtsübungen ruft, ein so unzählbares Heer von Geistlichen in allen denkbaren Trachten und Gewändern, eine solche Menge von kirchlichen Anstalten und Klöstern gegenüber. Taumel der Lust, Kasteiung und Buße, Zechlied und Miserere, wohnt und klingt hier dicht nebeneinander und zwischen einander, und der Beobachter fühlt sich versucht, zu fragen, ob die gebotene Fülle der Sinnenreize, oder der Ueberfluß zu vergebender Sünden die Schaaren der kirchlichen Diener besonders an diesen Punkt gelockt habe.

Der ergiebige Boden, der blühende Handelsverkehr, den die mächtige Stromstraße von selbst mit sich bringt, der Zufluß von Fremden, die jahrein jahraus dorthinpilgern, um sich unvergeßliche Reisebilder zu sammeln: Alles dies führt der Stadt Wohlhabenheit zu und gestattet den Bewohnern, dem wohlfeilen Genusse mehr als anderswo zu leben.

Dicht unter den Mauern der Stadt liegt ein Kloster der barmherzigen Brüder, jener frommen Männer der Entsagung, die sich der Pflege leidender Mitmenschen ausschließlich gewidmet haben. Das Kloster ist mit einem Krankenhaus verbunden, in welchem Kranke und Verunglückte, ohne Unterschied der Confession, die gleiche, liebevolle Pflege finden. Das Kloster wird von Leidenden nie leer; dennoch beschränkt sich die christliche Thätigkeit der Mönche nicht lediglich auf den Dienst innerhalb der Mauern, sondern sie eilen auch an jedes Krankenbett in Stadt und Land, wohin man sie ruft.

In diesem Kloster hatte Xaver eine Zufluchtsstätte gesucht und gefunden. Der Winter war vorübergegangen, und das Frühjahr ordnete den Schmuck der Fluren, Wälder und Berge.

Bruder Xaver saß in seiner kleinen, so kärglich ausgestatteten Zelle. Gottes Erde zierte sich mit Millionen Blumen der schönsten Farbenpracht, mit duftigen Laubkränzen, mit tiefblauem Himmel, mit dem Alles vergoldenden Strahlendiadem der Lenzsonne; Gottes Erde rief die befiederten Sänger zum frohen Jubelgesange, baute die Nestlein der Grasmücke, des Finken, der Nachtigall; lud alle Menschenherzen ein zur Lust und Liebe. Nur der Klosterbruder hatte die weißgetünchten, nackten Wände um sich. Ein hartes Bett, ein Schemel, ein Tisch zum Bedarf, ein schwarzes Crucifix zum Schmuck – das war die Welt, die ihn umgab, in der er weilte, bis die Glocke zur Kirche oder ein Hilferuf an das Schmerzenslager eines Unglücklichen rief.

Xaver blickte zu dem kleinen, vergitterten Fenster empor, das so hoch angebracht war, daß das Auge nichts vor sich fand, als die Himmelsluft. Kleine Lämmerwölkchen, die Frühlingslocken des Aethers, vom Purpurstrahle der untergehenden Sonne rosig durchhaucht, schwammen träumerisch dahin. Die Wölkchen wanderten. Xaver dachte an die Berge der Heimath, an das stille Häuschen seiner Mutter. Er lächelte wehmüthig. Er hatte, seitdem er Weinheim verlassen, keine Nachricht von dort erhalten und keine dorthin gesandt; denn der Verkehr der Klosterbewohner mit der Außenwelt ist, außer wo die Bedrängniß ruft, ungern gestattet.

Die gewissenhafte Erfüllung strenger Pflichten beruhigt; befriedigt sie aber die Erfordernisse eines glücklichen und doch reinen Menschendaseins? Xaver's unermüdlicher Eifer im Dienste der Barmherzigkeit, seine Frömmigkeit, seine Pflichtenstrenge, sein unablässiges und duldsames Ringen nach Christi Vorbild hatten ihn anerkannt, zur Zierde des gutbeleumundeten Klosters gemacht; der Prior nannte ihn den zukünftigen „Heiligen", und dennoch schlich Wehmuth, unsäglich bange Wehmuth in Xaver's Herz.

Er warf sich auf sein Lager, weil es ihm die körperliche Erschöpfung

gebot. Die letzten vierzehn Tage waren für ihn eben so viele Nacht-
wachen an einem Krankenbette gewesen. Heute Abend hatte der
Kranke nach langem, langem Todes- und Seelenkampfe, aber endlich getröstet und ergeben, den letzten Seufzer ausgehaucht.

Xaver nahm die Träume nach der Heimath mit auf sein Lager, und
die Augen, die vorhin so sehnsüchtig den Wolkenschäfchen nach-
geschaut, schlossen sich bald zum festen Schlafe.

Ein rücksichtsloser Ruf weckte den kaum Entschlummerten wieder.

„Wer verlangt nach mir?" fragte Xaver sanft, sich willfährig erhe-
bend.

„Man hat einen Verwundeten in's Kloster geschafft," erwiderte der
Bruder Pförtner. „Lange wird er Dich nicht stören; er ist arg zer-
schossen."

Xaver eilte zur Zelle, wo man den Verwundeten niedergelegt hatte.
Derselbe, eine kräftige Gestalt, mit bärtigem, gebräunten Gesicht ,
struppigem, schwarzen Haar, verrieth nur durch die erlöschenden
Augen, durch die verzerrten Mienen den Schmerz in der zerschos-
senen Brust.

Xaver blieb überrascht an der Schwelle der Zelle stehen. Dann
stürzte er sich an das Lager des Kranken mit dem herzerschüttern-
den Aufschrei: „Mein Bruder!"

„Du bist es, Xaver?" sprach der Verwundete mit schwacher Stimme,
und sein Gesicht verklärte sich. „Das meint der Himmel gut."

„Unglücklicher!" rief der Mönch. „Wo bleibt der Arzt ?"

Xaver schickte sich an, die Herbeirufung ärztlichen Beistands zu
beschleunigen aber Peter bat: „Lasse mir die Pflasterkasten vom
Leibe! Mich flickt Keiner mehr aus. Ich kenne es aus meiner Praxis,
wo die Kugeln sitzen müssen, um das Wiederaufstehen des Getrof-
fenen unmöglich zu machen. Es ist hohe Zeit, daß ich sterbe, Xaver.
Aus dem Wilderer wird im Umsehen ein Mörder. Hab' heut wieder
auf einen Menschen gezielt, und wär' die Kugel, die mir das Einge-
weide zerrissen, nicht so fix gewesen, so lastete jetzt doch ein Mord
auf meiner Seele."

„O, mein Bruder, Du bist so elend gewesen!"

„Spare Vorwürfe und Klagen. Ich hab' nur noch wenig Augenblicke
übrig und Dir viel zu sagen. Dich hat der Wilderer aus Weinheim
getrieben. Das Kloster ist so rauh, so unfreundlich, so fern von hei-

mischem Frieden. Armer Bruder, kannst Du mir vergeben?"

„O, sprich nicht davon –"

„Und doch, Du mußt mir erst verzeihen, ehe ich sterben kann."

„Nun denn! Gott weiß es, ich thue es mit aufrichtigem Herzen. Aber wichtiger ist, daß Du Dich mit dem Himmel versöhnst."

„Ich soll beichten. Sei duldsam, daß ich's verlernt habe. Ein Wilderer war ich früher einmal und heut' fast ein Mörder; ein Brandstifter bin ich nicht, wenn mich auch der Steckbrief dessen verdächtigt. Der Brand bei Walter entstand, ich weiß nicht, wie. Ich entdeckte den Ausbruch, als ich um das Gehöft schlich. Ich rettete das unschuldige Vieh und ließ den übrigen Trödel brennen; verhinderte er doch Vorläufig, daß – Regina an den Altar zum Ehebund trat."

„Gott sei gedankt. Dies Bekenntniß wird ein Trost für unsere alte Mutter werden!"

„Bringe Du ihr den Trost. Durfte sie an meine Schuld glauben? Und dennoch, bitte die Mutter um Verzeihung für mich, und bitte Alle, Alle, die ich kränkte. Sie mögen mir vergeben und für mich beten, daß Gott mir vergebe."

„Er naht sich Dir, Unglücklicher!" sagte eine fremde Stimme. Ein Geistlicher mit dem Ministranten trat ein, um den Verwundeten mit den Sterbesacramenten zu versehen.

Peter athmete schwerer. „Erst noch eins, Xaver," hob er nochmals an. „Ich möchte später die Kraft dazu nicht besitzen. Ich habe Johannes und Regina entzweit. Ich hatte die Martha, – sie heißt die Waldeule – zu dem Bubenstück erkauft. Sie hat 'mal früherhin dem Johannes einen Ring abgenommen. Mit dem mußte sie Regina's Bräutigam kirre machen, indem sie drohte, den Ring der Braut zu zeigen. Endlich versprach sie, den Ring bei einem Stelldichein im Gartenhäuschen zurückzugeben. Ich ließ Regina die Zusammenkunft belauschen. Das ist die Geschichte des heillosen Bubenstückes. Versöhne die Entzweiten, ich flehe Dich an, und bitte sie auch, daß sie mir verzeihen möchten. Willst Du, mein Bruder, meine letzten Aufträge treu erfüllen?"

„Ich werde es thun."

„Und nun gehe, Xaver; lasse mich mit dem Ehrwürdigen allein; ich merke, es ist die höchste Zeit." Xaver ging; er kniete draußen vor der Zellenthür nieder und lauschte, betend, der Stimme des Geistlichen drinnen. Plötzlich wurde die heilige Handlung durch ein starkes Röcheln unterbrochen – die Thür wurde aufgerissen.

„Er stirbt! er stirbt!" rief der Ministrant.

Xaver stürzte an das Sterbelager.

„Lebe wohl! – – – Mutter – – –! Verzeihung – –! Regina – –! Johannes – –! Diese abgebrochenen Worte entglitten noch den Lippen des Scheidenden.

Xaver kniete stillweinend neben der Leiche nieder. Der Geistliche sprach die Todtengebete.

XIII

Ein herrlicher Maitag lachte über dem Weingau. Auf Wegen und Stegen, in Flur und Wald, in den Thälern und auf den Höhen, vom rauschenden Strome und vom wolkenlosen Aether grüßte der Frühling.

Unweit Weinheim verließ soeben ein barmherziger Bruder die breite Landstraße, um in einen Waldweg einzubiegen. Der Mönch trug die Spuren einer langen Wanderung. Er zog den breitrandigen Filzhut vom Kopf und trocknete die heiße Stirn mit dem Taschentuche. Es war Xaver, der in seinem Kloster einige Tage Urlaub bekommen hatte, um die letzten Wünsche des verstorbenen Bruders erfüllen zu können.

Trotz der Ermüdung, die den Wanderer zu beschweren schien, schritt er dennoch unter den Bäumen rüstig dahin, bis er ein Dach durch das Laub schimmern sah und, dorthin seinen Weg richtend, die Waldschänke erreicht hatte. Das alte Gebäude hatte sich seit der Zeit, daß wir es zum letzten Male sahen, in seinem Aeußern vortheilhaft verändert, und wenn auch noch das obere Stockwerk das Bild des Verfalles darbot, so herrschte doch im ganzen Erdgeschoß Ordnung und eine fast einladende Sauberkeit.

Xaver trat in die Gaststube und bot der jungen Wirthin christlichen Gruß. Er bat sodann um einen einfachen Imbiß.

„Wohnt Ihr schon lange hier?" fragte er die Wirthin, als diese das Verlangte brachte.

„Ach nein," erwiderte sie, „wir haben erst seit dem Winter gepachtet. Die Besitzer sind nach der Residenz gezogen, seitdem den Wilderern das Handwerk gelegt worden."

„Kennt Ihr eine gewisse Martha, die Waldeule genannt?"

„Die hat's so toll getrieben, daß sie jetzt im Spinnhause sitzt. Fünf Jahre hat sie gekriegt; es wurde ihr eine schlimme Geschichte erwiesen. Nun, Gott sei Dank! die ganze Umgegend ist froh, daß die Gerechtigkeit sie von der Waldeule erlöste."

„Sie steckte wohl mit den Wilddieben zusammen, wie ich gehört?"

„Eben das hat ihr das Tz gegeben. Als das Wildern nicht mehr ging, versuchten es der „Brummer" und der „Rothe" mit dem Einbrechen. Dabei half die Waldeule, und nun sitzen sie alle Drei hinter Schloß und Riegel."

„Und wißt Ihr auch, wo der Wilde geblieben ist?"

„Der, sagt man, sei nach Amerika gegangen und ein ehrlicher Mann geworden. Es ist auch gut so; denn die Waldeule hat im Verhöre eingestanden, daß sie nur aus Rache den Wilden der Brandstiftung angeklagt habe. Er sei allerdings einer der Ersten an dem gefährdeten Gehöft gewesen, aber sie habe es schon vorher brennen sehen."

Xaver warf einen dankbaren Blick nach oben. Er sah den guten Namen seiner Familie gerettet; denn Wildfrevel gilt in den Augen des Landmannes für kein Verbrechen.

Er verabschiedete sich bald und eilte, um Vieles erleichtert, dem nahen Weinhein zu. Im nächsten halben Stündchen hatte er das Ende des Waldes zurückgelegt. Vor ihm breitete sich jetzt die mit wunderbaren Reizen ausgestattete, dem Strome sich zuneigende Abdachung der Weinberge aus. Dort im Thale, zwischen den frischumlaubten Baumkronen, guckten die Häuser Weinheim's hervor. Das neue Kirchendach schillerte in etwas greller Röthe; der Thurm hingegen befand sich noch im Aufbau. Die soliden Gebäude neben der Kirche, die mit ihrem neuen Gemäuer etwas keck die übrigen Häuser überfunkelten, waren Walter's neues Gehöft, in welchem jetzt wohl Liesel als junge Herrin waltete. Und dicht dabei, das alte, düstere Dach mit dem braunen Schornsteine, der auf seiner Haube eine stattliche Wetterfahne trug, – das gehörte zu Mutter Elsbeth's Hause mit dem Plätzchen, wo einst Xaver's Wiege gestanden.

Die alten, heimathlichen Gefühle erwachten in dem Pilger; sie beflügelten seinen Schritt in dem Maße, als die so gewaltig erwachte und unbekämpfte Sehnsucht wuchs.

Wer beschriebe den Jubel, das Entzücken der Mutter Elsbeth bei dem Wiedersehen des geliebten Kindes!

Diesmal schloß sie den Sohn fest in die zitternden Arme und küßte seine Lippen und Augen – er war ja nicht mehr der hochehrwürdige Pfarrer, sondern nur der demüthige Bruder für die leidende Menschheit, ihr Sohn, der sich an das Mutterherz lehnen durfte.

Es verging schnell eine Stunde in den ersten Fragen des Wiedersehens. Walter und Sohn, die Liesel und Regina kamen herbei, um Xaver zu begrüßen, der nachher auch das Nachbargehöft besuchen mußte, um sich an der schönen Einrichtung zu erfreuen.

Liesel war, wie Xaver vorausgesetzt hatte, seit mehreren Monaten Franzen's ehelich Weib geworden, und die Schwiegereltern hatten noch keine Ursache gefunden, die Wahl ihres Sohnes zu bedauern; im Gegentheil, es schien, als mehre sich durch die neue Einwohnerin, das fleißige, schmucke und freundliche Liesel, das häusliche Glück.

Bei all dem, was Xaver sah, wurde es ihm schwer, den letzten Willen des verstorbenen Bruders zu erfüllen. Es schmerzte ihn, diese Zufriedenheit seiner Freunde trüben zu müssen; allein es sind nicht die Wohnungen der Freude, in welche die ernsten Brüder mit den langen, schwarzen Mänteln, an denen der Rosenkranz vorn niederhängt, einzukehren pflegen.

Er erfaßte eine passende Gelegenheit, um die letzten Augenblicke Peter's zu erzählen.

Bei diesen Mittheilungen schwammen Elsbeth's und Liesel's Augen in Thränen.

Der alte Walter aber nahm sein Käppchen vom Kopf und sagte, indem er die Hände faltete: „Möge seine Seele Frieden haben und die Verzeihung dort oben, wie wir ihm verzeihen!"

„Amen! Amen! Amen!" riefen Alle und feierten in ihren Herzen Versöhnung mit dem Andenken des wilden Peter. –

„Doch noch ein weiteres Vermächtniß Peter's habe ich zu erfüllen," hob Xaver wieder nach einer Weile an. „Ich soll eine Schuld ausgleichen, die seine Seele schwer bedrückte. Komm', Regina, lasse uns einen kurzen Gang durch den Garten thun; denn mein letzter Auftrag betrifft Dich."

Sie gingen. Die Unterredung währte nicht allzulange, weil das Wort des barmherzigen Bruders eine willige Aufnahme bei der Zuhörerin fand.

Kurz darauf schritt Xaver durch das Dorf, wo Jedermann ihn mit der ehemaligen Ehrerbietung begrüßte. Er begab sich auf den Bauerhof von Johannes' Vater.

Der junge Bauer war an einem Wagen beschäftigt.

„Grüß Dich Gott, Johannes!" redete Xaver ihn an.

Der Angeredete erkannte den Jugendgenossen sofort und rief ihm mit schmerzlichem Lächeln ein Willkommen zu. Xaver war es ja, der ihn vor einem halben Jahre mit Regina hatte verbinden sollen.

„Mein Freund," sagte der barmherzige Bruder, „Du verzehrst Dich in Kummer; Dein Aussehen klagt Dich dessen an. Wie froh bin ich, Dir ein Mittel bringen zu können, das Dein Herz zu heilen vermag!"

„Guter Xaver," erwiderte Johannes, indem er schwermüthig das Haupt schüttelte, „mir hilft nichts mehr."

Xaver zog den jungen Mann sanft an eine Steinbank; dort ließen sie sich nieder, und der barmherzige Bruder erzählte und brachte doch wohl das Heilmittel für den kummerkranken Burschen mit; denn des Letzteren Gesicht begann freudig aufzuleuchten, und als der Wunderarzt seinen Bericht schloß: „Komm, Johannes, Regina erwartet Dich, sie ist versöhnt," – da sprang der junge Bauer empor und rief entzückt: „Sie will mich sehen? – Du willst mich täuschen, Xaver! Du thust nicht gut, mit meinem Elende Spott zu treiben."

„Eine Unwahrheit in dem Gewande, das ich trage?" versetzte der barmherzige Bruder mehr sanft, als vorwurfsvoll. „Komme, komme nur mit mir."

Xaver erfaßte den Arm des noch immer zweifelnden Jünglings und führte ihn die Dorfstraße hinauf bis zu Walter's Garten, wo Regina noch verweilte.

„Dort hole Dir selbst Absolution!" sagte Xaver jetzt und schob seinen zögernden Begleiter in den Garten.

„Johannes!" rief eine liebe Stimme.

Da stürzte der junge Mann der Geliebten entgegen, und die Herzen, die ein Frevel getrennt, hatten sich so schnell wiedergefunden und den alten Bund auf's Neue befestigt.

Das versöhnte, glückliche Paar trat Hand in Hand in das Haus, wo Elsbeth, der Vater Walter und die Seinen noch beisammen waren und das Ende Peter's besprachen.

„Nun, da haben wir den Salat!" platzte der Alte freudig erstaunt los. „Jetzt soll mir 'mal Einer an Mosis Wunder zweifeln. Junge! Mädchen! Ihr seid wieder Eins? Wer hat denn das zu Wege gebracht?"

„Peter that's, dem die Erde leicht werden möge!" versetzte Johannes in stiller, glückseliger Rührung.

„Ja," fügte Xaver hinzu, „er hat auch diese Schuld gesühnt." –
Das Glück der guten Leute war ein wahrhaftes. Das Sterbebett Peter's, das sich nothwendig dabei in die Erinnerung drängen mußte, preßte ja nicht die Thränen des Kummers, sondern die Zähre inniger Versöhnung hervor. Ein düsterer Schatten fiel aber unerwartet in die allgemeine Freude, daß nämlich Xaver am nächsten Morgen wieder Lebewohl sagte, um in sein Kloster zurückzukehren.

Mit dem ersten Sonnenstrahl des neuen Tages brach Xaver auf. Von der Höhe herab grüßte er noch einmal das Heimathsdorf, in welchem ihm die theuren Herzen schlugen; dann lenkte er entschlossen den Schritt in den Wald, um vor abgelaufenem Urlaub sein Kloster zu erreichen und wieder sein menschlich fühlendes Herz zu begraben in der ruheverkündenden Leichenhalle ascetischer Pflichten.

ARK

Aschemeier's Regionale Klassiker

... bieten

- inspirierende Regionalliteratur mit Niveau

- wiederentdeckte Schätze vergessener Heimatschriftsteller

- einfach schöne Bücher in guter Satz- und Herstellungsqualität, die man deshalb gern verschenkt

- immer wieder neue Überraschungen

ARK - Aschemeier's Regionale Klassiker

R. Aschemeier Verlag
Hauptstraße 90
69469 Weinheim a. d. Bergstraße